**2023** 中财传媒版

年度全国会计专业技术资格考试辅导系列丛书 · 注定会赢®

# 经济法
## 思维导图

财政部中国财经出版传媒集团　组织编写

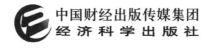

中国财经出版传媒集团

经济科学出版社

图书在版编目（CIP）数据

经济法思维导图/财政部中国财经出版传媒集团组织编写. --北京：经济科学出版社，2022.11

（中财传媒版2023年度全国会计专业技术资格考试辅导系列丛书. 注定会赢）

ISBN 978 - 7 - 5218 - 4223 - 4

Ⅰ. ①经…　Ⅱ. ①财…　Ⅲ. ①经济法 - 中国 - 资格考试 - 自学参考资料　Ⅳ. ①D922.29

中国版本图书馆 CIP 数据核字（2022）第 209337 号

责任校对：齐　杰
责任印制：李　鹏　邱　天

**经济法思维导图**

JINGJIFA SIWEI DAOTU

财政部中国财经出版传媒集团　组织编写

经济科学出版社出版、发行　新华书店经销

社址：北京市海淀区阜成路甲 28 号　邮编：100142

总编部电话：010 - 88191217　发行部电话：010 - 88191522

天猫网店：经济科学出版社旗舰店

网址：http://jjkxcbs.tmall.com

北京时捷印刷有限公司印装

787×1092　16 开　6.5 印张　130000 字

2023 年 4 月第 1 版　2023 年 4 月第 1 次印刷

ISBN 978 - 7 - 5218 - 4223 - 4　定价：45.00 元

（图书出现印装问题，本社负责调换。电话：010 - 88191545）

（打击盗版举报热线：010 - 88191661，QQ：2242791300）

# 前　言

2023 年度全国会计专业技术中级资格考试大纲已经公布，辅导教材也已正式出版发行。与上年度相比，新考试大纲及辅导教材的内容发生了较大变化。为了帮助考生准确理解和掌握新大纲和新教材的内容、顺利通过考试，中国财经出版传媒集团本着对广大考生负责的态度，严格按照新大纲和新教材内容，组织编写了中财传媒版 2023 年度全国会计专业技术资格考试辅导"注定会赢"系列丛书。

该系列丛书包含"精讲精练""通关题库""全真模拟试题""要点随身记""速刷 360 题""思维导图"等 6 个子系列，共 18 本图书，具有重点把握精准、难点分析到位、题型题量贴切、模拟演练逼真等特点。本书属于"思维导图"子系列，紧扣最新大纲和教材，用图形总结知识点，框架清晰明朗，打造结构化思维，让复习变得简单高效。

中国财经出版传媒集团旗下"注定会赢"微信公众号和"中财云知" App 为购买本书的考生提供线上增值服务。考生通过扫描封面下方的二维码关注并激活后，可免费享有高频考点串讲课、题库练习、模拟测试、每日一练、学习答疑等增值服务。

全国会计专业技术资格考试是我国评价选拔会计人才、促进会计人员成长的重要渠道，也是落实会计人才强国战略的重要措施。希望广大考生在认真学习教材内容的基础上，结合本丛书准确理解和全面掌握应试知识点内容，顺利通过考试，不断取得更大进步，为我国会计事业的发展作出更大贡献！

书中如有疏漏和不当之处，敬请批评指正。

财政部中国财经出版传媒集团

2023 年 4 月

# 目 录

# 第一章　总论

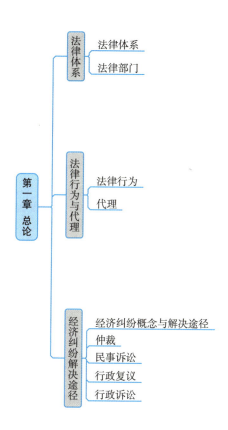

第一章 总论

法律体系
- 法律体系
- 法律部门

法律行为与代理
- 法律行为
- 代理

经济纠纷解决途径
- 经济纠纷概念与解决途径
- 仲裁
- 民事诉讼
- 行政复议
- 行政诉讼

法律体系

法律体系
- 法律体系的概念
  - 法律体系，也称法的体系、部门法体系，是指由一国现行的全部法律规范按照不同的法律部门分类组合而形成的有机联系的统一整体
  - 法律体系只包括现行有效的国内法，不包括历史上废止、已不再有效的法律，也不包括国际法
  - 主观性：法律体系的形成是某一国家的法学工作者对现行法律规范进行科学抽象和分类的结果
  - 客观性：法律体系必须同一国经济文化状况相适应，必须符合法律自身的发展规律
  - 法律体系与法制体系、法学体系既有联系，又有区别
- 中国社会主义法律体系
  - 七个法律部门：宪法及宪法相关法、民商法、行政法、经济法、社会法、刑法、诉讼与非诉讼程序法
  - 三个不同层次的法律规范：法律，行政法规，地方性法规、自治条例和单行条例

法律部门
- 法律部门的概念
  - 概念：法律部门，又称"部门法"，是根据一定的标准和原则所划定的调整同一类型社会关系的法律规范的总称
  - 划分标准
    - 主要标准是调整对象
    - 次要标准是调整方法
  - 划分原则
    - 粗细恰当
    - 多寡合适
    - 主题定类
    - 逻辑与实用兼顾
  - 法律部门与规范性法律文件
    - 一个法律部门可以通过多个规范性法律文件来表述
    - 一个规范性法律文件并非仅仅包含在一个法律部门中
- 我国的主要法律部门
  - 1.宪法及宪法相关法
    - 宪法是国家的根本法，规定国家的根本制度和根本任务、公民的基本权利和义务等内容
    - 宪法相关法是与宪法相配套、直接保障宪法实施和国家政权运作等方面的法律规范
  - 2.民商法
    - 概念：民商法是规范民事、商事活动的法律规范的总和，所调整的是自然人、法人和其他组织之间以平等地位发生的各种社会关系（称为横向关系）
    - 民法调整的是平等主体的自然人、法人和其他组织之间的财产关系和人身关系
    - 财产关系的内容很广，民法主要是调整商品经济关系；民法还调整属于民事范围内的人身关系，包括人格关系和身份关系，前者是基于人格利益而发生的社会关系，如名誉权、隐私权、肖像权、生命健康权、法人的名称权等；后者是以特定的身份利益为内容的社会关系，如婚姻关系
    - 商法调整商事主体之间的商事关系，遵循民法的基本原则，同时秉承保障商事交易自由、等价有偿、便捷安全等原则
  - 3.行政法
    - 概念：行政法是规范国家行政管理活动的法律规范的总和，调整的是行政机关与行政相对人（公民、法人和其他组织）之间因行政管理活动而发生的社会关系（称为纵向关系）
    - 特点：在这种管理与被管理的纵向法律关系中，行政机关与行政相对人的地位是不平等的，行政行为由行政机关单方面依法作出，不需要双方平等协商
    - 一般行政法，指适用于所有（或者大多数）行政机关行政活动的行政法规范
    - 特别行政法，指规范某一特定领域行政活动的行政法

4.经济法

概念：经济法是调整因国家从社会整体利益出发对经济活动实行干预、管理或调控所产生的社会经济关系的法律规范的总和

目的：在承认市场对资源配置起决定性作用的前提下，通过必要的国家干预、管理或调控手段，克服市场的自发性、滞后性、盲目性

经济法涉及的范围

5.社会法

概念：社会法是在国家干预社会生活过程中逐渐发展起来的一个法律门类，是调整劳动关系、社会保障、社会福利和特殊群体权益保障等方面关系的法律规范

目的：从社会整体利益出发，对劳动者、失业者、丧失劳动能力的人和其他需要扶助的人的权益实行必需的、切实的保障

主要内容
- （1）劳动法
- （2）社会保障法
- （3）特殊群体权益保障法
- （4）社会公益事业法

6.刑法

刑法是规定犯罪与刑罚的法律规范的总和，也就是规定哪些行为是犯罪和应该负何种刑事责任，并给犯罪人刑罚处罚的法律

我国现阶段有关犯罪和刑罚的基本法律规范集中规定在《中华人民共和国刑法》中，除此之外，还有许多单行法，如《中华人民共和国反有组织犯罪法》等

7.诉讼与非诉讼程序法

概念：诉讼与非诉讼程序法是调整因诉讼活动和非诉讼活动而产生的社会关系的法律规范的总和

诉讼制度分类

非诉讼程序法是解决非诉案件的程序法，非诉讼程序法主要有《中华人民共和国人民调解法》《中华人民共和国仲裁法》

**法律体系 → 法律部门 → 我国的主要法律部门**

---

**法律行为与代理 → 法律行为**

法律行为的概念和特征

概念：法律行为，是指民事主体通过意思表示设立、变更、终止民事法律关系的行为

有以下特征：
- （1）法律行为是以达到一定的民事法律后果为目的的行为
- （2）法律行为以意思表示为要素

法律行为的分类

1.单方法律行为和多方法律行为　这是按照法律行为的成立仅需一方意思表示还是需要多方意思表示而进行的分类

2.有偿法律行为和无偿法律行为　这是按照法律行为一方当事人从对方当事人取得利益有无对价为标准而进行的分类

3.要式法律行为和非要式法律行为　这是按照法律行为的成立是否需要具备法律规定或当事人约定的形式而进行的分类

4.主法律行为和从法律行为　这是按照法律行为之间的依存关系而进行的分类

法律行为的要件

1.成立要件

成立要件，是法律行为的实质性要素，用于对一个法律行为是否存在进行事实判断

此外，特定法律行为还要求具备特别成立要件，如对于要式法律行为，还需要具备法律规定或当事人约定的特定形式才能成立

2.生效要件

概念：法律行为的生效，是指法律行为发生当事人旨在追求的权利义务设立、变更、终止的法律效力

法律行为的成立是法律行为生效的前提，但是，已成立的法律行为不一定必然发生法律效力，只有具备一定生效条件的法律行为，才能产生预期的法律效果

法律行为应当具备下列生效要件
- （1）意思表示真实
- （2）不违反强制性规定，不违背公序良俗

法律行为与代理

法律行为

## 附条件和附期限的法律行为

### 1.附条件的法律行为

这是指当事人在法律行为中约定一定的条件，并以将来该条件的成就（或发生）或不成就（或不发生）作为法律行为效力发生或消灭的根据
法律行为可以附条件，所附条件可以是事件，也可以是行为。当事人恶意促使条件成就的，应当认定条件没有成就；当事人恶意阻止条件成就的，应当认定条件已经成就

能够作为法律行为所附条件的事实必须具备以下要件
- （1）将来发生的事实，已发生的事实不能作为条件
- （2）不确定的事实，即作为条件的事实是否会发生，当事人不能肯定
- （3）当事人任意选择的事实，而非法定的事实
- （4）合法的事实，不得以违法或违背道德的事实作为所附条件
- （5）所附条件限制的是法律行为效力的发生或消灭，而不涉及法律行为的内容，即不与行为的内容相矛盾

### 2.附期限的法律行为

这是指当事人在法律行为中约定一定的期限，并以该期限的到来作为法律行为生效或解除的根据
期限是必然要到来的事实，这是期限与条件的根本区别

## 无效的法律行为

### 1.无效法律行为的概念

无效法律行为，是指对于当事人所追求的法律效果，自始、当然、确定不发生的法律行为
无效法律行为，多表现为违反法律、行政法规的强制性规定或违背公序良俗，因而欠缺生效要件，所以不发生当事人所追求的法律效果
无效法律行为，按照无效原因存在于行为内容的全部或部分，可分为全部无效与部分无效

### 2.无效法律行为的种类
- （1）无民事行为能力人独立实施的
- （2）当事人通谋虚假表示实施的
- （3）恶意串通，损害他人合法权益的
- （4）违反强制性规定或违背公序良俗的

### 3.无效法律行为的法律后果
- （1）恢复原状
- （2）赔偿损失
- （3）收归国家、集体所有或返还第三人
- （4）其他制裁

## 可撤销的法律行为

### 1.可撤销法律行为的概念和效力

概念：法律行为，是指可因行为人行使撤销权请求法院或仲裁机关予以撤销，使该行为归于无效的法律行为

在效力方面，可撤销法律行为具有以下特征
- （1）在该行为被撤销前，其效力已经发生，未经撤销，其效力不消灭，即其效力的消灭以撤销为条件
- （2）该行为的撤销应由享有撤销权的当事人行使，且撤销权人须通过法院或仲裁机关行使撤销权
- （3）撤销权人对权利的行使拥有选择权，其可以选择撤销或不撤销其行为
- （4）撤销权的行使有时间限制
- （5）该行为一经撤销，其效力溯及自行为开始时无效

### 2.可撤销法律行为的种类
- （1）行为人对行为内容有重大误解的
- （2）受欺诈的
- （3）受胁迫的
- （4）乘人之危、显失公平的

### 3.可撤销法律行为的法律后果

可撤销法律行为被依法撤销后，法律行为从行为开始起无效，具有与无效法律行为相同的法律后果。如果撤销权人表示放弃撤销权或未在法定期间内行使撤销权的，则可撤销法律行为确定地成为完全有效的法律行为

```
法律行为与代理
├─ 代理
    ├─ 代理的概念和特征
    │   ├─ 概念：代理是指代理人在代理权限内，以被代理人的名义与相对人实施法律行为，由此产生的法律后果直接由被代理人承担的法律制度
    │   ├─（1）代理人必须以被代理人的名义实施法律行为
    │   ├─（2）代理人在代理权限内独立地向相对人进行意思表示
    │   └─（3）代理行为的法律后果直接归属于被代理人
    ├─ 代理的适用范围
    │   ├─ 代理适用于民事主体之间设立、变更和终止权利义务的法律行为
    │   └─ 依照法律规定、当事人约定或者民事法律行为的性质，应当由本人实施的民事法律行为，不得代理
    ├─ 代理的种类
    │   ├─ 1.委托代理　委托代理是指基于被代理人的授权委托而发生的代理
    │   └─ 2.法定代理　法定代理是指法律根据一定的社会关系的存在而设定的代理
    ├─ 代理权的行使
    │   ├─ 1.代理权行使的一般要求　委托代理人应按照被代理人的委托授权行使代理权，法定代理人应依照法律的规定行使代理权
    │   ├─ 2.转委托代理　又称复代理，是指代理人为了实施其代理权限内的行为，而以自己的名义为被代理人选任代理人的代理
    │   ├─ 3.滥用代理权的禁止　代理人不得滥用代理权
    │   └─ 4.不当代理与违法代理的责任　代理人不履行或者不完全履行职责，造成被代理人损害的，应当承担民事责任。代理人和相对人恶意串通，损害被代理人合法权益的，代理人和相对人应当承担连带责任
    ├─ 无权代理
    │   ├─ 1.无权代理的概念　无权代理是指没有代理权而以他人名义进行的代理行为。无权代理表现为三种形式：
    │   │   ├─（1）没有代理权而实施的代理
    │   │   ├─（2）超越代理权实施的代理
    │   │   └─（3）代理权终止后而实施的代理
    │   └─ 2.无权代理的法律后果
    │       ├─ 无权代理未经被代理人追认的，对被代理人不发生效力
    │       └─ 相对人可以催告被代理人自收到通知之日起30日内予以追认；被代理人未作表示的，视为拒绝追认。行为人实施的行为被追认前，善意相对人有撤销的权利，其撤销应当以通知的方式作出。行为人实施的行为未被追认的，善意相对人有权请求行为人履行债务或者就其受到的损害请求行为人赔偿，赔偿的范围不得超过被代理人追认时相对人所能获得的利益。相对人知道或者应当知道行为人无权代理的，相对人和行为人按照各自的过错承担责任。但是，无权代理未经追认对被代理人不发生效力存在例外情况，如果无权代理人的代理行为，客观上使善意相对人有理由相信其有代理权的，被代理人应当承担代理的法律后果
    └─ 代理关系的终止
        ├─ 委托代理终止的法定情形
        │   ├─（1）代理期间届满或者代理事务完成
        │   ├─（2）被代理人取消委托或者代理人辞去委托
        │   ├─（3）代理人丧失民事行为能力
        │   ├─（4）代理人或者被代理人死亡
        │   └─（5）作为代理人或者被代理人的法人、非法人组织终止
        └─ 法定代理终止的法定情形
            ├─（1）被代理人取得或恢复完全民事行为能力
            ├─（2）代理人丧失民事行为能力
            ├─（3）代理人或者被代理人死亡
            └─（4）法律规定的其他情形
```

经济纠纷概念与解决途径

- 经济纠纷的概念 —— 经济纠纷是指市场经济主体在经济活动中因一方或双方违反法律规定或依法生效的合同，损害对方合法权益而引起的经济争议，包括平等主体之间涉及经济内容的纠纷，以及公民、法人或者其他组织作为行政管理相对人与行政机关之间因行政管理所发生的涉及经济内容的纠纷
- 经济纠纷的解决途径
  - 和解
  - 调解
  - 仲裁
  - 复议
  - 诉讼

经济纠纷解决途径

仲裁

- 仲裁的概念 —— 仲裁是指仲裁机构根据纠纷当事人之间自愿达成的协议，以第三者的身份对所发生的纠纷进行审理，并作出对争议各方均有约束力的裁决的纠纷解决活动
- 仲裁的基本原则
  - （1）自愿原则
  - （2）以事实为根据，以法律为准绳，公平合理地解决纠纷原则
  - （3）仲裁组织依法独立行使仲裁权原则
  - （4）一裁终局原则
- 《仲裁法》的适用范围
  - （1）平等主体的公民、法人和其他组织之间发生的合同纠纷和其他财产纠纷
  - （2）仲裁事项必须是平等主体之间发生的且当事人有权处分的财产权益纠纷
- 仲裁机构 —— 仲裁机构是有权对当事人提交的经济纠纷进行审理和裁决的机构，这一机构为仲裁委员会
- 仲裁协议
  - 仲裁协议是指双方当事人自愿把他们之间可能发生或者已经发生的经济纠纷提交仲裁机构裁决的书面约定
  - 仲裁协议的形式，包括合同书、信件和数据电文（包括电报、传真、电传、电子数据交换和电子邮件）
  - 仲裁协议的效力
    - （1）仲裁协议中为当事人设定的义务，不能任意更改、终止或撤销
    - （2）合法有效的仲裁协议对双方当事人诉权的行使产生一定的限制，即在当事人双方发生协议约定的争议时，任何一方只能将争议提交仲裁，而不能向人民法院起诉
    - （3）对于仲裁组织来说，仲裁协议具有排除诉讼管辖权的作用
    - （4）仲裁协议具有独立性，合同的变更、解除、终止或无效，不影响仲裁协议的效力
  - 当事人对仲裁协议的效力有异议的，应当在仲裁庭首次开庭前请求仲裁委员会作出决定，或请求人民法院作出裁定
  - 仲裁协议无效的情形
    - （1）约定的仲裁事项超过法律规定的仲裁范围的
    - （2）无民事行为能力人或限制民事行为能力人订立的仲裁协议
    - （3）一方采取胁迫手段，迫使对方订立仲裁协议的
- 仲裁程序
  - 1.仲裁申请和受理
    - 申请仲裁必须符合下列条件
      - （1）有仲裁协议
      - （2）有具体的仲裁请求和事实、理由
      - （3）属于仲裁委员会的受理范围
    - 仲裁申请书应载明下列事项
      - （1）当事人的姓名、性别、年龄、职业、工作单位和住所，法人或其他组织的名称、住所和法定代表人或主要负责人的姓名、职务
      - （2）仲裁请求和所根据的理由
      - （3）证据和证据来源、证人姓名和住所

仲裁庭可以由1名仲裁员成立独任仲裁庭或3名仲裁员组成合议仲裁庭

2.仲裁庭的组成

仲裁员有下列情况之一的,必须回避,当事人也有权提出回避申请

（1）是本案当事人,或者当事人、代理人的近亲属

（2）与本案有利害关系

（3）与本案当事人、代理人有其他关系,可能影响公正仲裁的

（4）私自会见当事人、代理人,或者接受当事人、代理人的请客送礼的

仲裁程序

仲裁应当开庭进行。当事人协议不开庭的,仲裁庭可以根据仲裁申请书、答辩书以及其他材料作出裁决

仲裁一般不公开进行,当事人协议公开的,可以公开进行,但涉及国家秘密的除外

3.仲裁裁决

仲裁委员会应当在仲裁规则规定的期限内,将开庭日期通知双方当事人

当事人应当对自己的主张提供证据,并有权申请证据保全

申请仲裁后,当事人可以自行和解。达成和解协议的,可以请求仲裁庭根据和解协议作出裁决书,也可以撤回仲裁申请,撤回仲裁申请后反悔的,可以根据仲裁协议申请仲裁

仲裁庭在作出裁决前,可以先行调解,当事人自愿调解的,仲裁庭应当调解;调解不成的,应当及时作出裁决

裁决应按多数仲裁员的意见作出,少数仲裁员的不同意见可以记入笔录。仲裁庭不能形成多数意见时,裁决应当按首席仲裁员的意见作出。裁决书自作出之日起发生法律效力

当事人应当履行仲裁裁决

仲裁效力

当事人提出证据证明裁决有依法应撤销情形的,可在收到裁决书之日起6个月内,向仲裁委员会所在地的中级人民法院申请撤销裁决

仲裁裁决的上述法定撤销情形

（1）没有仲裁协议的

（2）裁决的事项不属于仲裁协议的范围或者仲裁委员会无权仲裁的

（3）仲裁庭的组成或者仲裁的程序违反法定程序的

（4）裁决所根据的证据是伪造的

（5）对方当事人隐瞒了足以影响公正裁决的证据的

（6）仲裁员在仲裁该案时有索贿受贿、徇私舞弊、枉法裁决行为的

经济纠纷解决途径 — 仲裁

诉讼的概念

诉讼是指人民法院根据纠纷当事人的请求,运用审判权确认争议各方权利义务关系,解决经济纠纷的活动

经济纠纷所涉及的诉讼包括民事诉讼和行政诉讼

民事诉讼的适用范围

1.民事纠纷案件

（1）由民法调整的物权关系、债权关系、知识产权关系、人身权关系引起的诉讼,如房屋产权争议案件、合同纠纷案件、侵犯著作权案件、侵犯名誉权案件等

（2）由民法调整的婚姻家庭关系、继承关系、收养关系引起的诉讼,如离婚案件、追索抚养费案件、财产继承案件、解除收养关系案件等

（3）由经济法调整的经济关系中属于民事性质的诉讼,如因环境污染引起的侵权案件、因不正当竞争引起的损害赔偿案件等

2.商事纠纷案件

商事纠纷案件是指由商法调整的商事关系引起的诉讼,如票据纠纷案件、股东权益纠纷案件、保险合同纠纷案件、证券纠纷案件等

3.劳动争议案件

劳动争议案件是指因劳动法调整的社会关系发生的争议,法律规定适用民事诉讼程序的案件,如劳动合同纠纷案件等

经济纠纷解决途径 — 民事诉讼

经济纠纷解决途径 — 民事诉讼

**民事诉讼的适用范围**

4.法律规定人民法院适用《民事诉讼法》审理的非讼案件
- （1）适用特别程序审理的案件，如选民资格案件、宣告失踪或者宣告死亡案件、认定公民无民事行为能力或者限制行为能力案件等非诉案件
- （2）适用督促程序审理的案件
- （3）适用公示催告程序审理的案件

**基本制度**

1.合议制度
- 合议制度是指由3名以上审判人员组成审判组织，代表人民法院行使审判权，对案件进行审理并作出裁判的制度
- 与合议制度相对的是独任制度，后者是指由一名审判员独立对案件进行审理和裁判的制度。适用简易程序、特别程序（选民资格案件及重大、疑难的案件除外）、督促程序、公示催告程序公示催告阶段审理的民事案件，由审判员一人独任审理

2.回避制度
- 回避制度是指审判人员和其他有关人员，遇有法律规定的情形时，退出对某一案件的审理活动的制度
- 审判人员、书记员、翻译人员、鉴定人、勘验人有下列情形之一的，应当自行回避，当事人有权用口头或者书面方式申请他们回避
  - （1）是本案当事人或者当事人、诉讼代理人近亲属的
  - （2）与本案有利害关系的
  - （3）与本案当事人、诉讼代理人有其他关系，可能影响对案件公正审理的

3.公开审判制度
- 公开审判制度是指人民法院的审判活动依法向社会公开的制度
- 公开审判包括审判过程公开和审判结果公开两项内容
- 不论案件是否公开审理，一律公开宣告判决

4.两审终审制度
- 两审终审制度是指一个诉讼案件经过两级人民法院审判后即终结的制度
- 我国人民法院分为四级：最高人民法院、高级人民法院、中级人民法院、基层人民法院
- 按照两审终审制，一个案件经第一审人民法院审判后，当事人如果不服，有权在法定期限内向上一级人民法院提起上诉，由该上一级人民法院进行第二审。二审人民法院的判决、裁定是终审的判决、裁定
- 两审终审制度有例外
  - （1）适用特别程序、督促程序、公示催告程序和简易程序中的小额诉讼程序审理的案件，实行一审终审
  - （2）最高人民法院所作的一审判决、裁定，为终审判决、裁定
- 对终审判决、裁定，当事人不得上诉。如果发现终审裁判确有错误，可以通过审判监督程序予以纠正

**诉讼管辖**

1.地域管辖 — （1）一般地域管辖
- 对公民提起的民事诉讼，由被告住所地人民法院管辖，被告住所地与经常居住地不一致的，由经常居住地人民法院管辖
- 对法人或者其他组织提起的民事诉讼，由被告住所地人民法院管辖
- 同一诉讼的几个被告住所地、经常居住地在两个以上人民法院辖区的，各该人民法院都有管辖权。对没有办事机构的个人合伙、合伙型联营体提起的诉讼，由被告注册登记地人民法院管辖。没有注册登记，几个被告又不在同一辖区的，被告住所地的人民法院都有管辖权
- 两个以上人民法院都有管辖权的诉讼，原告可以向其中一个人民法院起诉；原告向两个以上有管辖权的人民法院起诉的，由最先立案的人民法院管辖。先立案的人民法院不得将案件移送给另一个有管辖权的人民法院。人民法院在立案前发现其他有管辖权的人民法院已先立案的，不得重复立案；立案后发现其他有管辖权的人民法院已先立案的，裁定将案件移送给先立案的人民法院

经济纠纷解决途径

民事诉讼

诉讼管辖

1.地域管辖

（2）特殊地域管辖

①因合同纠纷提起的诉讼，由被告住所地或者合同履行地人民法院管辖
财产租赁合同、融资租赁合同以租赁物使用地为合同履行地；合同对履行地有约定的，从其约定

②因保险合同纠纷提起的诉讼，由被告住所地或者保险标的物所在地人民法院管辖

③因票据纠纷提起的诉讼，由票据支付地或者被告住所地人民法院管辖

④因公司设立、确认股东资格、分配利润、解散等纠纷提起的诉讼，由公司住所地人民法院管辖

⑤因铁路、公路、水上、航空运输和联合运输合同纠纷提起的诉讼，由运输始发地、目的地或者被告住所地人民法院管辖

⑥因侵权行为提起的诉讼，由侵权行为地（包括侵权行为实施地、侵权结果发生地）或者被告住所地人民法院管辖

⑦因铁路、公路、水上和航空事故请求损害赔偿提起的诉讼，由事故发生地或者车辆、船舶最先到达地、航空器最先降落地或者被告住所地人民法院管辖

⑧因船舶碰撞或者其他海事损害事故请求损害赔偿提起的诉讼，由碰撞发生地、碰撞船舶最先到达地、加害船舶被扣留地或者被告住所地人民法院管辖

⑨因海难救助费用提起的诉讼，由救助地或者被救助船舶最先到达地人民法院管辖

⑩因共同海损提起的诉讼，由船舶最先到达地、共同海损理算地或者航程终止地的人民法院管辖

（3）专属管辖

①因不动产纠纷提起的诉讼，由不动产所在地人民法院管辖

②因港口作业中发生纠纷提起的诉讼，由港口所在地人民法院管辖

③因继承遗产纠纷提起的诉讼，由被继承人死亡时住所地或者主要遗产所在地人民法院管辖

（4）协议管辖，指双方当事人在合同纠纷或者其他财产权益纠纷发生之前或发生之后，以书面协议或者默示的方式选择解决管辖他们之间纠纷的人民法院

（5）共同管辖和选择管辖，指两个以上人民法院都有管辖权时管辖的确定。两个以上人民法院都有管辖权（共同管辖）的诉讼，原告可以向其中一个人民法院起诉（选择管辖）；原告向两个以上有管辖权的人民法院起诉的，由最先立案的人民法院管辖

2.级别管辖

基层人民法院原则上管辖第一审案件

中级人民法院管辖在本辖区有重大影响的案件、重大涉外案件及由最高人民法院确定由中级人民法院管辖的案件

高级人民法院管辖在辖区有重大影响的第一审案件

最高人民法院管辖在全国有重大影响的案件以及认为应当由它审理的案件

诉讼参加人

1.当事人
是指公民、法人和其他组织因经济权益发生争议或受到损害，以自己的名义进行诉讼，并受人民法院调解或裁判约束的利害关系人。当事人包括原告、被告、共同诉讼人、诉讼中的第三人。法人由其法定代表人进行诉讼，其他组织由其主要负责人进行诉讼

2.诉讼代理人
是指公民、法人和其他组织因经济权益发生争议或受到损害，以自己的名义进行诉讼，并受人民法院调解或裁判约束的利害关系人。当事人包括原告、被告、共同诉讼人、诉讼中的第三人。法人由其法定代表人进行诉讼，其他组织由其主要负责人进行诉讼

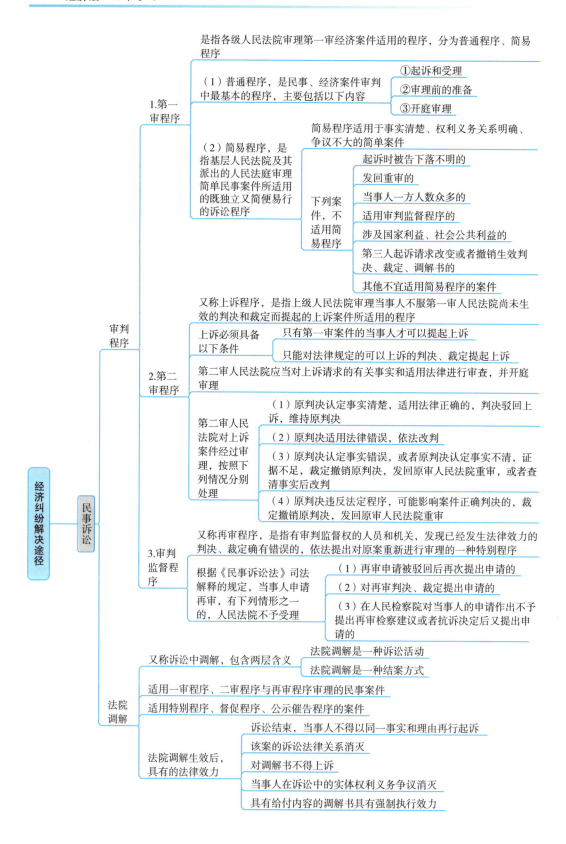

经济纠纷解决途径

民事诉讼

**审判程序**

**1.第一审程序**

是指各级人民法院审理第一审经济案件适用的程序，分为普通程序、简易程序

（1）普通程序，是民事、经济案件审判中最基本的程序，主要包括以下内容
- ①起诉和受理
- ②审理前的准备
- ③开庭审理

（2）简易程序，是指基层人民法院及其派出的人民法庭审理简单民事案件所适用的既独立又简便易行的诉讼程序

简易程序适用于事实清楚、权利义务关系明确、争议不大的简单案件

下列案件，不适用简易程序
- 起诉时被告下落不明的
- 发回重审的
- 当事人一方人数众多的
- 适用审判监督程序的
- 涉及国家利益、社会公共利益的
- 第三人起诉请求改变或者撤销生效判决、裁定、调解书的
- 其他不宜适用简易程序的案件

**2.第二审程序**

又称上诉程序，是指上级人民法院审理当事人不服第一审人民法院尚未生效的判决和裁定而提起的上诉案件所适用的程序

上诉必须具备以下条件
- 只有第一审案件的当事人才可以提起上诉
- 只能对法律规定的可以上诉的判决、裁定提起上诉

第二审人民法院应当对上诉请求的有关事实和适用法律进行审查，并开庭审理

第二审人民法院对上诉案件经过审理，按照下列情况分别处理
- （1）原判决认定事实清楚，适用法律正确的，判决驳回上诉，维持原判决
- （2）原判决适用法律错误，依法改判
- （3）原判决认定事实错误，或者原判决认定事实不清，证据不足，裁定撤销原判决，发回原审人民法院重审，或者查清事实后改判
- （4）原判决违反法定程序，可能影响案件正确判决的，裁定撤销原判决，发回原审人民法院重审

**3.审判监督程序**

又称再审程序，是指有审判监督权的人员和机关，发现已经发生法律效力的判决、裁定确有错误的，依法提出对原案重新进行审理的一种特别程序

根据《民事诉讼法》司法解释的规定，当事人申请再审，有下列情形之一的，人民法院不予受理
- （1）再审申请被驳回后再次提出申请的
- （2）对再审判决、裁定提出申请的
- （3）在人民检察院对当事人的申请作出不予提出再审检察建议或者抗诉决定后又提出申请的

**法院调解**

又称诉讼中调解，包含两层含义
- 法院调解是一种诉讼活动
- 法院调解是一种结案方式

适用一审程序、二审程序与再审程序审理的民事案件

适用特别程序、督促程序、公示催告程序的案件

法院调解生效后，具有的法律效力
- 诉讼结束，当事人不得以同一事实和理由再行起诉
- 该案的诉讼法律关系消灭
- 对调解书不得上诉
- 当事人在诉讼中的实体权利义务争议消灭
- 具有给付内容的调解书具有强制执行效力

经济纠纷解决途径

民事诉讼

执行程序
- 是强制义务人履行义务的程序
- 当事人必须履行
- 一方拒绝履行的，对方当事人可以向人民法院申请执行

诉讼时效

1.诉讼时效的概念
指权利人不在法定期间内行使权利而失去诉讼保护的制度。该法定期间即诉讼时效期间
- （1）诉讼时效以权利人不行使法定权利的事实状态的存在为前提
- （2）诉讼时效期间届满时债务人获得抗辩权，但债权人的实体权利并不消灭
- （3）诉讼时效具有法定性和强制性

2.诉讼时效的适用对象
诉讼时效主要适用于请求权。所谓请求权，是指权利人请求特定人为或不为特定行为的权利

下列请求权不适用诉讼时效的规定
- （1）请求停止侵害、排除妨碍、消除危险
- （2）不动产物权和登记的动产物权的权利人请求返还财产
- （3）请求支付抚养费、赡养费或者扶养费
- （4）依法不适用诉讼时效的其他请求权

当事人对下列债权请求权提出诉讼时效抗辩的，人民法院不予支持
- （1）支付存款本金及利息请求权
- （2）兑付国债、金融债券以及向不特定对象发行的企业债券本息请求权
- （3）基于投资关系产生的缴付出资请求权
- （4）其他依法不适用诉讼时效规定的债权请求权

3.诉讼时效期间的种类与起算
（1）诉讼时效期间的种类
- 分为3年的普通时效期间和20年的长期时效期间
- 普通时效期间和长期时效期间的区别
  - ①时效期间的起算点不同
  - ②期间性质不同

（2）诉讼时效期间的起算
- 自权利人知道或者应当知道权利受到损害以及义务人之日起计算
- 法律另有规定的，依照其规定

4.诉讼时效期间的中止、中断与延长
（1）诉讼时效期间的中止
- ①诉讼时效期间中止的概念
  指诉讼时效期间行将完成之际，因发生一定的法定事由而使权利人不能行使请求权，暂时停止计算诉讼时效期间，以前经过的时效期间仍然有效，待阻碍时效进行的事由消失后，继续计算诉讼时效期间
- ②诉讼时效期间中止的条件
  - a.诉讼时效的中止必须是因法定事由而发生
  - b.法定事由发生于或存续至诉讼时效期间的最后6个月内
- ③诉讼时效期间中止的效力
  诉讼时效期间中止的效力，在于使时效期间暂停计算，待中止的原因消失后，即权利人能够行使其请求权时，再继续计算时效期间

（2）诉讼时效期间的中断
- ①诉讼时效期间中断的概念
  指在诉讼时效进行中，因发生一定的法定事由，致使已经经过的时效期间统归无效，待时效中断的法定事由消除后，诉讼时效期间重新计算

经济纠纷解决途径

民事诉讼

诉讼时效

4.诉讼时效期间的中止、中断与延长

（2）诉讼时效期间的中断

②诉讼时效期间中断的事由

a.权利人向义务人提出请求履行义务的要求，即权利人直接向义务人请求履行义务的意思表示

b.义务人同意履行义务

c.权利人提起诉讼或者申请仲裁

d.与提起诉讼或者申请仲裁具有同等效力的其他情形

③诉讼时效期间中断的效力

诉讼时效期间中断的事由发生后，已经过的时效期间归于无效；中断事由存续期间，时效不进行；中断事由终止时，重新计算时效期间

（3）诉讼时效期间的延长

是指人民法院对已经完成的诉讼时效期间，根据特殊情况而予以延长

只适用于20年长期时效期间

行政复议

行政复议范围

公民、法人或者其他组织认为行政机关的具体行政行为侵犯其合法权益，符合《行政复议法》规定范围的，可以申请行政复议

1.可以申请行政复议的事项

（1）行政处罚行为

（2）行政强制行为

（3）行政许可行为

（4）行政确权行为

（5）侵犯经营自主权行为

（6）侵犯承包经营权行为

（7）违法要求履行义务的行为

（8）行政审核作为

（9）行政不作为

（10）行政给付行为

（11）其他行政侵权行为

2.行政复议的排除事项

行政复议的范围受到一定限制，下列行为不在行政复议的范围之列

（1）内部行政行为

（2）抽象行政行为

（3）行政机关针对民事争议的处理

行政复议参加人和行政复议机关

1.行政复议参加人    包括申请人、被申请人和第三人

2.行政复议机关

履行行政复议职责的行政机关是行政复议机关。行政复议机构，是指有行政复议权的行政机关内部设立的专门负责行政复议案件的受理、审查和裁决工作的办事机构

（1）对县级以上地方各级人民政府工作部门的具体行政行为不服的，由申请人选择，可以向该部门的本级人民政府申请行政复议，也可以向上一级主管部门申请行政复议
对海关、金融、税务、外汇管理等实行垂直领导的行政机关和国家安全机关的具体行政行为不服的，向上一级主管部门申请行政复议

（2）对地方各级人民政府的具体行政行为不服的，向上一级人民政府申请行政复议

（3）对国务院部门或者省、自治区、直辖市人民政府的具体行政行为不服的，向作出该具体行政行为的国务院部门或者省、自治区、直辖市人民政府申请行政复议

（4）对县级以上地方人民政府依法设立的派出机关的具体行政行为不服的，向设立该派出机关的人民政府申请行政复议；
对政府工作部门依法设立的派出机构依照法律、法规或者规章规定，以自己的名义作出的具体行政行为不服的，向设立该派出机构的部门或者该部门的本级地方人民政府申请行政复议；
对法律、法规授权的组织的具体行政行为不服的，分别向直接管理该组织的地方人民政府、地方人民政府工作部门或者国务院部门申请行政复议；
对两个或者两个以上行政机关以共同的名义作出的具体行政行为不服的，向其共同上一级行政机关申请行政复议；
对被撤销的行政机关在撤销前所作出的具体行政行为不服的，向继续行使其职权的行政机关的上一级行政机关申请行政复议。
申请人对上述具体行政行为不服的，也可以向具体行政行为发生地的县级地方人民政府提出行政复议申请，由接受申请的县级地方人民政府自接到该行政复议申请之日起7日内，转送有关行政复议机关，并告知申请人

公民、法人或者其他组织认为具体行政行为侵犯其合法权益的，可以自知道该具体行政行为之日起60日内提出行政复议申请，但是法律规定的申请期限超过60日的除外

申请人申请行政复议，可以书面申请，也可以口头申请

公民、法人或者其他组织向人民法院提起行政诉讼，人民法院已经依法受理的，不得申请行政复议

行政复议机关收到行政复议申请后，应当在5日内进行审查，对不符合法律规定的行政复议申请，决定不予受理，并书面告知申请人

对符合法律规定，但是不属于本机关受理的行政复议申请，应当告知申请人向有关行政复议机关提出

行政复议申请自行政复议机关负责法制工作的机构收到之日起即为受理

行政复议是行政系统内部的纠纷解决手段，行政诉讼是外部的司法解决纠纷手段。在可复议可诉讼之外，存在三种情况

（1）先复议后诉讼，又称复议前置

（2）只复议不诉讼，又称复议终局

（3）或诉讼或裁决

一般情况下，为了维护行政管理秩序，行政复议期间具体行政行为并不停止执行。但是，有下列情形之一的，可以停止执行

（1）被申请人认为需要停止执行的

（2）行政复议机关认为需要停止执行的

（3）申请人申请停止执行，行政复议机关认为其要求合理，决定停止执行的

（4）法律规定停止执行的

行政复议原则上采取书面审查的办法

行政复议的举证责任，由被申请人承担。在行政复议过程中，被申请人不得自行向申请人和其他有关组织或者个人收集证据

2.对抽象行政行为提出审查申请的处理程序

行政复议机关应当自受理申请之日起60日内作出行政复议决定，但是法律规定的行政复议期限少于60日的除外

情况复杂，不能在规定期限内作出行政复议决定的，经行政复议机关的负责人批准，可以适当延长，并告知申请人和被申请人，但延长期限最多不得超过30日

经济纠纷解决途径

行政复议

行政复议参加人和行政复议机关

2.行政复议机关

行政复议申请和受理

1.行政复议的申请

2.行政复议的受理

3.行政复议与行政诉讼的关系

4.行政复议期间具体行政行为的执行效力

行政复议决定

1.行政复议的审查办法

3.行政复议决定的作出期限

经济纠纷解决途径

- 行政复议
  - 行政复议决定
    - 4.行政复议决定的作出
      - （1）维持决定
      - （2）履行决定
      - （3）撤销、变更或者确认违法决定
    - 5.行政复议决定的履行
      - （1）自觉履行
      - （2）限期履行
      - （3）强制执行
- 行政诉讼
  - 行政诉讼是指公民、法人或者其他组织认为行政机关或者法律、法规授权的组织的行政行为侵犯其合法权益，依法向人民法院请求司法保护，人民法院通过对被诉行政行为的合法性进行审查，在双方当事人和其他诉讼参与人的参与下，对该行政争议进行审理和裁判的司法活动
  - 特有原则
    - 1.被告负举证责任原则，是指被告应当提供作出该行政行为的证据和所依据的规范性文件
    - 2.行政行为合法性审查原则，是指人民法院一般只审查行政行为的合法性问题，而不审查行政行为的适当性或称合理性问题
    - 3.不适用调解原则，是指人民法院审理行政案件，不得调解，不得以调解方式结案。但是，行政赔偿、补偿以及行政机关行使法律、法规规定的自由裁量权的案件，可以调解
    - 4.不停止行政行为执行原则，是指一般情况下，不得因当事人提起诉讼而停止执行行政行为，但存在例外情形。有下列情形之一的，裁定停止执行
      - （1）被告认为需要停止执行的
      - （2）原告或者利害关系人申请停止执行，人民法院认为该行政行为的执行会造成难以弥补的损失，并且停止执行不损害国家利益、社会公共利益的
      - （3）人民法院认为该行政行为的执行会给国家利益、社会公共利益造成重大损害的
      - （4）法律、法规规定停止执行的
  - 适用范围
    - 1.行政诉讼受理范围
      - （1）行政处罚行为
      - （2）行政强制行为
      - （3）行政许可行为
      - （4）行政确权行为
      - （5）行政征收、征用行为
      - （6）行政不作为
      - （7）侵犯经营自主权、土地承包经营权、土地经营权行为
      - （8）排除或者限制竞争行为
      - （9）违法要求履行义务行为
      - （10）行政给付行为
      - （11）行政协议行为
      - （12）其他侵犯人身、财产权等合法权益行为
    - 2.行政诉讼不予受理范围
      - （1）国家行为
      - （2）抽象行政行为
      - （3）内部行政行为
      - （4）终局行政裁决行为
  - 诉讼管辖
    - 1.级别管辖
      - （1）基层人民法院管辖第一审行政案件
      - （2）中级人民法院管辖下列第一审行政案件：对国务院部门或者县级以上地方人民政府所作的行政行为提起诉讼的案件；海关处理的案件；本辖区内重大、复杂的案件；其他法律规定由中级人民法院管辖的案件
      - （3）高级人民法院管辖本辖区内重大、复杂的第一审行政案件
      - （4）最高人民法院管辖全国范围内重大、复杂的第一审行政案件
    - 2.地域管辖
      - （1）一般地域管辖
      - （2）特殊地域管辖
      - （3）共同管辖

经济纠纷解决途径 — 行政诉讼

**诉讼管辖**

3.裁定管辖
- （1）移送管辖
- （2）指定管辖
- （3）移转管辖

**诉讼参加人**

诉讼参加人包括当事人和诉讼代理人。

行政诉讼是"民告官"，因此，诉讼当事人相对固定。原告是作为行政行为相对人或者其他利害关系人的公民、法人或者其他组织；被告是作为行政主体的行政机关和法律、法规、规章授权组织。行政诉讼的当事人、法定代理人，可以委托1~2人作为诉讼代理人进行诉讼

1.原告的确认
- （1）受害人
- （2）相邻权人
- （3）公平竞争权人
- （4）投资人
- （5）合伙组织
- （6）农村土地承包人
- （7）非国有企业
- （8）股份制企业
- （9）非营利法人的设立人
- （10）业主委员会
- （11）债权人

2.被告的确认
- （1）直接被告的确认
- （2）复议案件的被告确认
- （3）共同被告的确认
- （4）委托行政的被告确认
- （5）经批准的行政行为的被告确认
- （6）法律、法规、规章授权组织作为被告的确认
- （7）内部机构的被告确认
- （8）开发区管理机构的被告确认
- （9）不作为案件中的被告确认
- （10）被告资格的转移

**起诉和受理**

1.起诉

（1）与行政复议的衔接关系：对属于人民法院受案范围的行政案件，公民、法人或者其他组织可以先向行政机关申请复议，对复议决定不服的，再向人民法院提起诉讼；也可以直接向人民法院提起诉讼

（2）起诉的一般条件
- ①原告是认为行政行为侵犯其合法权益的公民、法人或者其他组织
- ②有明确的被告
- ③有具体的诉讼请求和事实根据
- ④属于人民法院受案范围和受诉人民法院管辖

（3）起诉的时间条件：公民、法人或者其他组织直接向人民法院提起诉讼的，应当自知道或者应当知道作出行政行为之日起6个月内提出。法律另有规定的除外。因不动产提起诉讼的案件自行政行为作出之日起超过20年，其他案件自行政行为作出之日起超过5年提起诉讼的，人民法院不予受理

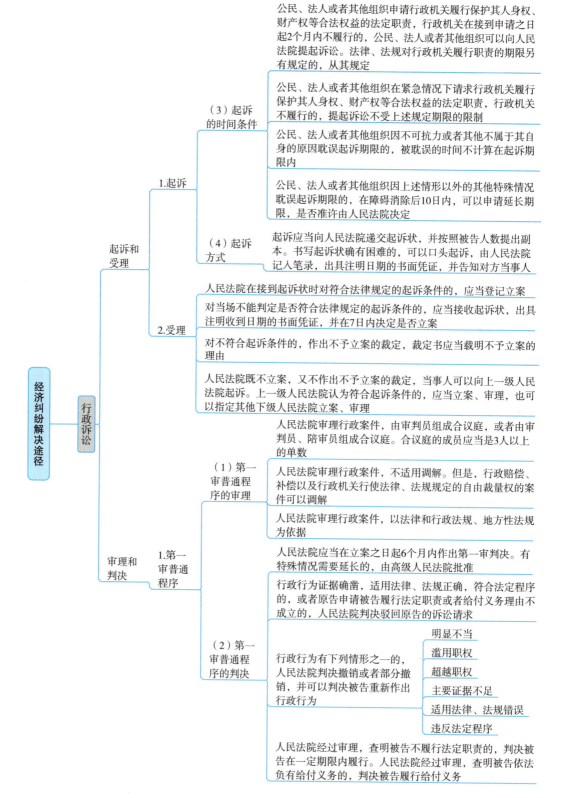

经济纠纷解决途径

行政诉讼

起诉和受理

1.起诉

（3）起诉的时间条件

公民、法人或者其他组织申请行政机关履行保护其人身权、财产权等合法权益的法定职责，行政机关在接到申请之日起2个月内不履行的，公民、法人或者其他组织可以向人民法院提起诉讼。法律、法规对行政机关履行职责的期限另有规定的，从其规定

公民、法人或者其他组织在紧急情况下请求行政机关履行保护其人身权、财产权等合法权益的法定职责，行政机关不履行的，提起诉讼不受上述规定期限的限制

公民、法人或者其他组织因不可抗力或者其他不属于其自身的原因耽误起诉期限的，被耽误的时间不计算在起诉期限内

公民、法人或者其他组织因上述情形以外的其他特殊情况耽误起诉期限的，在障碍消除后10日内，可以申请延长期限，是否准许由人民法院决定

（4）起诉方式

起诉应当向人民法院递交起诉状，并按照被告人数提出副本。书写起诉状确有困难的，可以口头起诉，由人民法院记入笔录，出具注明日期的书面凭证，并告知对方当事人

2.受理

人民法院在接到起诉状时对符合法律规定的起诉条件的，应当登记立案

对当场不能判定是否符合法律规定的起诉条件的，应当接收起诉状，出具注明收到日期的书面凭证，并在7日内决定是否立案

对不符合起诉条件的，作出不予立案的裁定，裁定书应当载明不予立案的理由

人民法院既不立案，又不作出不予立案的裁定，当事人可以向上一级人民法院起诉。上一级人民法院认为符合起诉条件的，应当立案、审理，也可以指定其他下级人民法院立案、审理

审理和判决

1.第一审普通程序

（1）第一审普通程序的审理

人民法院审理行政案件，由审判员组成合议庭，或者由审判员、陪审员组成合议庭。合议庭的成员应当是3人以上的单数

人民法院审理行政案件，不适用调解。但是，行政赔偿、补偿以及行政机关行使法律、法规规定的自由裁量权的案件可以调解

人民法院审理行政案件，以法律和行政法规、地方性法规为依据

（2）第一审普通程序的判决

人民法院应当在立案之日起6个月内作出第一审判决。有特殊情况需要延长的，由高级人民法院批准

行政行为证据确凿，适用法律、法规正确，符合法定程序的，或者原告申请被告履行法定职责或者给付义务理由不成立的，人民法院判决驳回原告的诉讼请求

行政行为有下列情形之一的，人民法院判决撤销或者部分撤销，并可以判决被告重新作出行政行为

- 明显不当
- 滥用职权
- 超越职权
- 主要证据不足
- 适用法律、法规错误
- 违反法定程序

人民法院经过审理，查明被告不履行法定职责的，判决被告在一定期限内履行。人民法院经过审理，查明被告依法负有给付义务的，判决被告履行给付义务

经济纠纷解决途径 —— 行政诉讼

├─ 审理和判决
│
│　├─ 1.第一审普通程序
│　│　└─（2）第一审普通程序的判决
│　│　　├─ 行政处罚明显不当，或者其他行政行为涉及对款额的确定、认定确有错误的，人民法院可以判决变更
│　│　└─ 人民法院判决确认被告行政行为违法或者无效的，可以同时判决责令被告采取补救措施；给原告造成损失的，依法判决被告承担赔偿责任
│　│
│　├─ 2.简易程序
│　│　├─（1）适用范围
│　│　│　├─ 人民法院审理下列第一审行政案件，认为事实清楚、权利义务关系明确、争议不大的，可以适用简易程序
│　│　│　│　├─ 被诉行政行为是依法当场作出的
│　│　│　│　├─ 案件涉及款额2 000元以下的
│　│　│　│　└─ 属于政府信息公开案件的
│　│　│　└─ 除前述规定外的第一审行政案件，当事人各方同意适用简易程序的，可以适用简易程序
│　│　└─（2）审判组织与审理期限
│　│　　├─ 适用简易程序审理的行政案件，由审判员一人独任审理，并应当在立案之日起45日内审结
│　│　　└─ 人民法院在审理过程中，发现案件不宜适用简易程序的，裁定转为普通程序
│　│
│　├─ 3.第二审程序
│　│　├─（1）第二审程序的提起
│　│　│　└─ 当事人不服人民法院第一审判决的，有权在判决书送达之日起15日内向上一级人民法院提起上诉；当事人不服人民法院裁定的，有权在裁定书送达之日起10日内向上一级人民法院提起上诉。逾期不提起上诉的，人民法院的第一审判决或者裁定发生法律效力
│　│　├─（2）第二审程序的审理
│　│　│　└─ 人民法院对上诉案件，应当组成合议庭，开庭审理。经过阅卷、调查和询问当事人，对没有提出新的事实、证据或者理由，合议庭认为不需要开庭审理的，也可以不开庭审理。人民法院审理上诉案件，应当对原审人民法院的判决、裁定和被诉行政行为进行全面审查
│　│　└─（3）第二审程序的判决
│　│　　└─ 人民法院审理上诉案件，应当在收到上诉状之日起3个月内作出终审判决。有特殊情况需要延长的，由高级人民法院批准，高级人民法院审理上诉案件需要延长的，由最高人民法院批准。人民法院审理上诉案件，按照法律规定的各种情形，分别作出处理
│　│
│　└─ 4.审判监督程序
│　　├─ 当事人对已经发生法律效力的判决、裁定，认为确有错误的，可以向上一级人民法院申请再审，但判决、裁定不停止执行
│　　├─ 各级人民法院院长对本院已经发生法律效力的判决、裁定，发现有法定再审事由，或者发现调解违反自愿原则或者调解书内容违法，认为需要再审的，应当提交审判委员会讨论决定
│　　└─ 最高人民法院对地方各级人民法院已经发生法律效力的判决、裁定，上级人民法院对下级人民法院已经发生法律效力的判决、裁定，发现有法定再审事由，或者发现调解违反自愿原则或者调解书内容违法的，有权提审或者指令下级人民法院再审
│
└─ 执行
　├─ 当事人必须履行人民法院发生法律效力的判决、裁定、调解书。公民、法人或者其他组织拒绝履行判决、裁定、调解书的，行政机关或者第三人可以向第一审人民法院申请强制执行，或者由行政机关依法强制执行
　└─ 行政机关拒绝履行判决、裁定、调解书的，第一审人民法院可采取的措施
　　├─（1）对应当归还的罚款或者应当给付的款额，通知银行从该行政机关的账户内划拨
　　└─（2）在规定期限内不履行的，从期满之日起，对该行政机关负责人按日处50元至100元的罚款

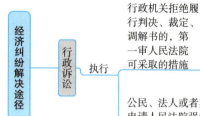

（3）将行政机关拒绝履行的情况予以公告

（4）向监察机关或者该行政机关的上一级行政机关提出司法建议。接受司法建议的机关，根据有关规定进行处理，并将处理情况告知人民法院

（5）拒不履行判决、裁定、调解书，社会影响恶劣的，可以对该行政机关直接负责的主管人员和其他直接责任人员予以拘留；情节严重，构成犯罪的，依法追究刑事责任

公民、法人或者其他组织对行政行为在法定期间不起诉讼又不履行的，行政机关可以申请人民法院强制执行，或者依法强制执行

# 第二章　公司法律制度

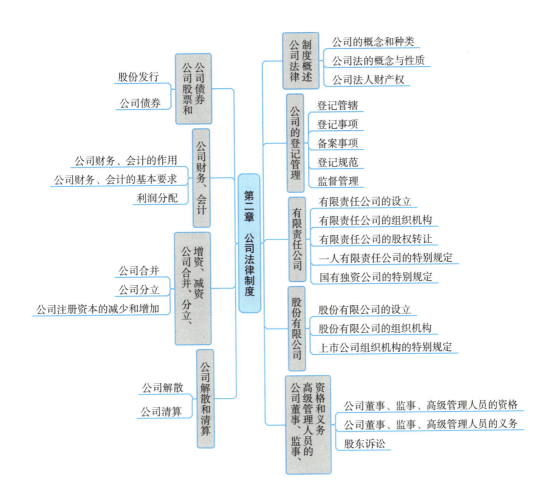

**第二章 公司法律制度**

公司法律制度概述
- 公司的概念和种类
- 公司法的概念与性质
- 公司法人财产权

公司的登记管理
- 登记管辖
- 登记事项
- 备案事项
- 登记规范
- 监督管理

有限责任公司
- 有限责任公司的设立
- 有限责任公司的组织机构
- 有限责任公司的股权转让
- 一人有限责任公司的特别规定
- 国有独资公司的特别规定

股份有限公司
- 股份有限公司的设立
- 股份有限公司的组织机构
- 上市公司组织机构的特别规定

公司董事、监事、高级管理人员的资格和义务
- 公司董事、监事、高级管理人员的资格
- 公司董事、监事、高级管理人员的义务
- 股东诉讼

公司债券和公司股票
- 股份发行
- 公司债券

公司财务、会计
- 公司财务、会计的作用
- 公司财务、会计的基本要求
- 利润分配

公司合并、分立、增资、减资
- 公司合并
- 公司分立
- 公司注册资本的减少和增加

公司解散和清算
- 公司解散
- 公司清算

公司法律制度概述

- 公司的概念和种类
  - 公司的概念
    - 一般是指依法成立，以取得利润并分配给股东等出资人为目的的营利法人
    - 特征
      - 依法设立
        - 章程、资本、组织机构、活动原则等必须合法
        - 设立必须经过法定程序，进行登记
      - 以营利为目的
        - 公司设立以经营并获取利润为目的
        - 股东出资设立公司的目的也是为了营利
      - 以股东投资行为为基础设立
        - 公司设立必须具备的法定条件之一是达到法定的注册资本
      - 具有独立法人资格（公司区别于其他商事主体的特征就在于公司具有独立的法人资格）
        - 公司拥有独立的法人财产
        - 独立的组织机构并能够独立承担民事责任
  - 公司的种类
    - 以公司资本结构和股东对公司债务承担责任的方式为标准（我国《公司法》规定的公司形式仅为有限责任公司和股份有限公司）
      - 有限责任公司，是指股东以其认缴的出资额为限对公司承担责任，公司以其全部财产对公司的债务承担责任的公司
      - 股份有限公司，是指将公司全部资本分为等额股份，股东以其认购的股份为限对公司承担责任，公司以其全部财产对公司的债务承担责任的公司
      - 无限公司，是指由两个以上的股东组成，全体股东对公司的债务承担无限连带责任的公司
      - 两合公司，是指由负无限责任的股东和负有限责任的股东组成，无限责任股东对公司债务负无限连带责任，有限责任股东仅以其认缴的出资额为限对公司债务承担责任，其中，无限责任股东是公司经营管理者，有限责任股东则是不参与经营管理的出资者
    - 以公司的信用基础为标准
      - 资合公司，是指以公司资本作为信用基础的公司，其典型的形式为股份有限公司
      - 人合公司，是指以股东个人的财力、能力和信誉作为信用基础的公司，其典型的形式为无限公司
      - 资合兼人合的公司，是指同时以公司资本和股东个人信用作为公司信用基础的公司，其典型的形式为有限责任公司
    - 以公司组织关系为标准
      - 母公司和子公司。我国《公司法》规定，公司可以设立子公司，子公司具有法人资格，依法独立承担民事责任
      - 总公司与分公司。我国《公司法》规定，公司可以设立分公司，分公司不具有法人资格，其民事责任由公司承担。我国《民法典》规定，法人可以依法设立分支机构
    - 以公司除受《公司法》调整外是否还受其他特别法调整
      - 一般法上的公司
      - 特别法上的公司
    - 按公司的股票是否上市流通
      - 上市公司
      - 非上市公司
    - 按公司的国籍
      - 外国公司
      - 本国公司
- 公司法的概念与性质
  - 公司法的概念
    - 广义的公司法又称为实质意义的公司法，是指一切有关公司的法律、法规和最高法的司法解释等
    - 狭义的公司法又称为形式意义的公司法，是指仅冠以《公司法》之名的一部法律
    - 公司法的理解
      - 公司法是商法的重要组成部分，属于商法中的商事主体法，是规范公司商事活动最基本的规则
      - 公司法是规定公司的法律规范，在诸企业立法中居重要地位
      - 公司法是规范公司的设立、组织、营运、解散及其他对内对外关系的法律

公司法律制度概述
- 公司法的概念与性质
  - 公司法的性质
    - 兼具组织法和活动法的双重性质，以组织法为主：公司法中公司的设立、变更与终止，公司的章程、权利能力和行为能力，公司的组织机构和法律地位等规范，都体现了组织法的性质。而公司法中规定的各种活动，也主要是与公司组织有关的活动，如公司股东会的表决程序
    - 兼具实体法和程序法的双重性质，以实体法为主：公司法首先规定参与公司活动的各种主体的资格条件、权利义务以及法律责任等，还规定了保障权利实现、追究法律责任的程序
    - 兼具强制法和任意法的双重性质，以强制法为主：现代公司理论认为，公司是利益相关者组成的团体。公司突破了个人之间的相互作用，加大了社会成员的联系程度。公司法要考虑整个社会交易秩序的维护，这正是公司法具有强制性与严格性的原因
    - 兼具国内法和涉外法的双重性质，以国内法为主
      - 公司法是本国发展经济的重要法律之一，就其本质而言是一种国内法
      - 从另一个角度来看，公司法又是国际经济贸易交往中必须考虑的重要法律，并且，现代英美法系和大陆法系各国的公司法有相互融合借鉴的趋势，这就使得公司法具有了一定的国际性
- 公司法人财产权
  - 法人享有法人财产权的概念
    - 产生原因：公司的财产虽然源于股东的投资，但股东一旦将财产投入公司，便丧失对该财产直接支配的权利，只享有公司的股权，由公司享有对该财产的支配权利
    - 法人财产权是指公司拥有由股东投资形成的法人财产，并依法对该财产行使占有、使用、收益、处分的权利
    - 股东投资于公司的财产需要通过对资本的注册与股东的其他财产明确分开，在公司成立后股东不得抽逃投资，不得占用、转移和支配公司的法人财产
    - 公司的法人财产权既是公司作为法人对外承担责任的基础，也是公司对股东履行责任的基础
  - 《公司法》对公司行使法人财产权作出限制性规定
    - 公司向其他企业投资或者为他人提供担保的限制
      - 公司向其他企业投资或者为他人提供担保，依照公司章程的规定，由董事会或者股东会、股东大会决议
      - 公司章程对投资或者担保的总额及单项投资或者担保的数额有限额规定的，不得超过规定的限额
    - 公司为公司股东或者实际控制人提供担保的限制
      - 公司为公司股东或者实际控制人提供担保的，必须经股东会或者股东大会决议
      - 接受担保的股东或者受实际控制人支配的股东，不得参加上述规定事项的表决
      - 该项表决由出席会议的其他股东所持表决权的过半数通过
    - 公司原则上不得成为承担连带责任的出资人
      - 公司可以向其他企业投资
      - 除法律另有规定外，不得成为对所投资企业的债务承担连带责任的出资人

公司的登记管理
- 《公司法》有关规定
  - 公司经公司登记机关依法登记，领取《企业法人营业执照》，取得企业法人资格
  - 设立公司，应当依法向公司登记机关申请设立登记
  - 公司登记是国家赋予公司法人资格与企业经营资格，并对公司的设立、变更、歇业注销加以规范、公示的法律行为
- 登记管辖
  - 我国的公司登记机关是市场监督管理机关

公司的登记管理
- 登记事项：名称；主体类型；经营范围；住所；注册资本；法定代表人；有限责任公司股东、股份有限公司发起人的姓名或者名称；法律、行政法规规定的其他事项
- 备案事项：章程；经营期限；有限责任公司股东或者股份有限公司发起人认缴的出资数额；公司董事、监事、高级管理人员；公司登记联络员；公司受益所有人相关信息；法律、行政法规规定的其他事项
- 登记规范
  - 设立登记
    - 实名登记要求
    - 公司登记提交的材料
    - 公司登记的代理
    - 登记机关的形式审查义务
    - 公司的成立日期
    - 营业执照
    - 公司分支机构的登记
  - 变更登记
    - 公司的法定代表人在任职期间发生不得担任公司的法定代表人情形的
    - 公司变更经营范围
    - 许可证或者批准文件被吊销、撤销或者有效期届满的
    - 公司变更住所跨登记机关辖区的
    - 公司变更登记涉及营业执照记载事项的
    - 公司变更备案事项的
  - 公司歇业
    - 公司应当在歇业前向登记机关办理备案
    - 公司在歇业期间开展经营活动的，视为恢复营业，公司应当通过国家企业信用信息公示系统向社会公示
  - 注销登记
    - 公司注销登记前应当清算，清算组应当自成立之日起10日内将清算组成员、清算组负责人名单通过国家企业信用信息公示系统公告
    - 公司未发生债权债务或者已将债权债务清偿完结，未发生或者已结清清偿费用等，并由全体股东书面承诺对上述情况的真实性承担法律责任的，可以按照简易程序办理注销登记
    - 人民法院裁定强制清算或者裁定宣告破产的，有关清算组、破产管理人可以持人民法院终结强制清算程序的裁定或者终结破产程序的裁定，直接向登记机关申请办理注销登记
- 监督管理
  - 公示年度报告和登记相关信息
  - 公司应当将营业执照置于住所或者主要经营场所的醒目位置
  - 受虚假公司登记影响的自然人、法人和其他组织可以向登记机关提出撤销公司登记的申请
  - 登记机关可对违法公司行使职权、分级分类监管

有限责任公司
- 有限责任公司的设立
  - 概念：公司发起人为促成公司成立并取得法人资格，依照法律规定的条件和程序所必须完成的一系列法律行为的总称
  - 设立的原则：准则主义，又称登记主义，是指设立公司只要具备法律规定的条件并提出申请即可获得政府的承认
  - 设立的条件
    - 股东符合法定人数，50个以下，股东既可以是自然人，也可以是法人或者非法人主体
    - 有符合公司章程规定的全体股东认缴的出资额
      - 注册资本
      - 股东出资方式
    - 股东共同制定公司章程
    - 有公司名称，建立符合有限责任公司要求的组织机构
    - 有公司住所
  - 设立的程序：一般来说，设立公司的程序包括各股东之间制定发起人协议、制定公司章程、必要的行政审批、缴纳出资、向登记机关提出设立申请等

有限责任公司
├─ 有限责任公司的组织机构
│  ├─ 股东会
│  │  ├─ 股东会的职权（11条）（全体股东组成）
│  │  ├─ 股东会的形式
│  │  │  ├─ 定期会议（按时召开）
│  │  │  └─ 临时会议（代表1／10以上表决权的股东，1／3以上的董事，监事会或者不设监事会的公司的监事提议召开临时会议的，应当召开）
│  │  ├─ 股东会的召开　首次召开和以后召开的召集和主持；提前15日通知全体股东
│  │  └─ 股东会的决议　除公司章程另有规定，按出资比例行使表决权。分普通决议、特别决议
│  ├─ 董事会　公司股东会的执行机构，对股东会负责
│  │  ├─ 组成
│  │  ├─ 职权（11条）
│  │  ├─ 召开
│  │  └─ 决议
│  ├─ 经理　有限责任公司可以设经理，由董事会决定聘任或者解聘，对董事会负责，职权（8条）
│  ├─ 监事会　公司的监督机构
│  │  ├─ 组成
│  │  ├─ 职权（7条）
│  │  └─ 决议
│  └─ 公司决议瑕疵的法律后果，是指公司决议存在无效、可撤销、不成立等情形
├─ 有限责任公司的股权转让
│  ├─ 股东　指出资或持有公司股份的人（从事特定职业时，法律禁止其为股东）
│  ├─ 股东权及其分类
│  │  ├─ 共益权和自益权
│  │  └─ 单独股东权和少数股东权
│  ├─ 股东滥用股东权的责任
│  │  ├─ 公司股东滥用股东权利给公司或者其他股东造成损失的，应依法承担赔偿责任
│  │  ├─ 公司股东滥用公司法人独立地位和股东有限责任，逃避债务，严重损害公司债权人利益的，应当对公司债务承担连带责任　── 人格　混同
│  │  └─ 《公司法》规定公司的控股股东、实际控制人、董事、监事、高级管理人员不得利用其关联关系损害公司利益，违反规定给公司造成损失的，应当承担赔偿责任
│  ├─ 名义股东与实际出资人的关系，法院予以支持和不予支持的情形
│  ├─ 股东转让股权
│  │  ├─ 股东之间转让股权
│  │  ├─ 股东向股东以外的人转让股权
│  │  └─ 人民法院强制转让股东股权
│  └─ 股东退出公司
│     ├─ 退出公司的法定条件　请求公司收购其股权
│     └─ 退出公司的法定程序
│        ├─ 依法向人民法院提起诉讼
│        └─ 注重调解
├─ 一人有限责任公司
│  ├─ 概念　指只有一个自然人股东或者一个法人股东的有限责任公司。具有完全的民事权利能力、民事行为能力和民事责任能力。只能是自然人或法人
│  └─ 特别规定
│     ├─ 一个自然人只能投资设立一个一人有限责任公司
│     ├─ 公司登记、营业执照中载明自然人独资或法人独资
│     ├─ 不设股东会
│     ├─ 应当在每一会计年度终了时编制财务会计报告，并经会计师事务所审计
│     └─ 股东不能证明公司财产独立于股东自己财产的，应当对公司债务承担连带责任
└─ 国有独资公司
   ├─ 概念　国家单独出资、由国务院或者地方人民政府委托本级人民政府国有资产监督管理机构履行出资人职责的有限责任公司
   ├─ 特征：股东的单一性、股东的特定性（各级政府或者其授权机构或部门出资，国有资产监督管理机构接受委托履行出资人职责）
   └─ 特别规定
      ├─ 公司章程由国有资产监督管理机构制定或批准
      ├─ 不设股东会，设立董事会
      ├─ 国有独资公司设经理，由董事会聘任或者解聘
      ├─ 董事长、副董事长、董事、高级管理人员，未经同意不得兼职
      └─ 设监事会，其成员不得少于5人

股份有限公司

## 股份有限公司的设立

- 设立方式　采取发起或者募集的方式设立
- 设立的条件
  - 发起人符合法定人数
  - 有符合公司章程规定的全体发起人认购的股本总额或者募集的实收股本总额
  - 股份发行、筹办事项符合法律规定
  - 发起人制定公司章程，采用募集方式设立的须经创立大会通过
  - 有公司名称
  - 有公司住所
- 设立的程序
  - 发起设立方式设立股份有限公司的程序
    - 认购股份
    - 缴纳出资
    - 选举董事会和监事会
    - 申请设立登记
  - 募集设立方式设立股份有限公司的程序
    - 发起人认购股份
    - 向社会公开募集股份
    - 召开创立大会
    - 申请设立登记
- 发起人承担的责任
  - 公司不能成立时，对设立行为所产生的债务和费用负连带责任
  - 公司不能成立时，对认股人已缴纳的股款，负返还股款并加算银行同期存款利息的连带责任
  - 在公司设立过程中，由于发起人的过失致使公司利益受到损害的，应当对公司承担赔偿责任
- 公司设立阶段的合同责任

## 股份有限公司的组织机构

- 股东大会
  - 性质和组成。公司的权力机构，由全体股东组成
  - 职权（5条）
  - 形式
    - 年会（每年按时）
    - 临时股东大会（应当在2个月内召开的6种情形）
  - 召开
  - 决议——每一股份有一表决权，作出决议必须经出席会议的股东所持表决权过半数通过。但是，股东大会作出修改公司章程、增加或者减少注册资本的决议，以及公司合并、分立、解散或者变更公司形式的决议，必须经出席会议的股东所持表决权的2/3以上通过
- 董事会
  - 性质和组成。是股东大会的执行机构，对股东大会负责
  - 职权——与有限责任公司董事会的职权基本相同
  - 召开
  - 决议——过半数的董事出席方可举行。董事会作出决议，必须经全体董事的过半数通过。董事会决议的表决，实行一人一票
- 经理　由董事会决定聘任或者解聘。职权与有限责任公司经理的职权基本相同
- 监事会　监督机构
  - 组成
  - 职权（与有限责任公司监事会的职权基本相同）
  - 召开

## 上市公司组织机构的特别规定

- 股东大会特别决议事项
- 上市公司设立董事会秘书
- 上市公司设立独立董事
- 关联关系董事的表决权排除制度

管理人员的资格和义务 公司董事、监事、高级

## 资格——不得担任的情形

- 无民事行为能力或者限制民事行为能力
- 因贪污、贿赂、侵占财产、挪用财产或者破坏社会主义市场经济秩序，被判处刑罚，执行期满未逾5年，或者因犯罪被剥夺政治权利，执行期满未逾5年
- 担任破产清算的公司、企业的董事或者厂长、经理，对该公司、企业的破产负有个人责任的，自该公司、企业破产清算完结之日起未逾3年
- 担任因违法被吊销营业执照、责令关闭的公司、企业的法定代表人，并负有个人责任的，自该公司、企业被吊销营业执照之日起未逾3年
- 个人所负数额较大的债务到期未清偿

## 义务

- 忠实义务
  - 忠实义务的内容
  - 违反忠实义务的行为（8条）
  - 违反忠实义务的后果——所得的收入应当归公司。给公司造成损失的，应当承担赔偿责任
- 勤勉义务——勤勉义务的内容

## 股东诉讼

- 股东代表诉讼，两种程序
  - 公司董事、监事、高级管理人员的行为给公司造成损失时股东代表公司提起诉讼的程序
  - 其他人的行为给公司造成损失时股东提起诉讼的程序
- 股东直接诉讼

# 公司股票和公司债券

## 股份发行

### 概念

- 股份是指将股份有限公司的注册资本按相同的金额或比例划分为相等的份额
- 股票是指公司签发的证明股东所持股份的凭证，其性质：
  - 股票是有价证券
  - 股票是证权证券
  - 股票是要式证券
  - 股票是流通证券

### 股票的种类

- 按照股东权利、义务的不同分为：普通股和优先股
- 按照投资主体性质的不同分为：国有股、发起人股和社会公众股
- 按照票面上是否记载股东的姓名或名称分为：记名股票和无记名股票

### 股份的发行原则

- 公平、公正的原则
- 同股同价原则

### 股票的发行价格——平价发行和溢价发行

### 公司发行新股

股东大会应当对下列事项作出决议：新股种类及数额；新股发行价格；新股发行的起止日期；向原有股东发行新股的种类及数额

## 股份转让

- 法律规定：股份转让的地点、方式
- 股份转让的限制
  - 对发起人转让股份的限制
  - 对公司董事、监事、高级管理人员转让股份的限制（上市公司的董事、监事和高级管理人员特殊规定）
  - 对公司收购自身股票的限制
  - 对公司股票质押的限制
- 记名股票被盗、遗失或者灭失的可向人民法院请求宣告该股票失效
- 上市公司的股票，依照有关法律、行政法规及证券交易所交易规则上市交易

## 公司债券

### 概念

指公司依照法定程序发行、约定在一定期限还本付息的有价证券

### 特征

- 公司债券的持有人是公司的债权人，对于公司享有民法上规定的债权人的所有权利，而股票的持有人则是公司的股东，享有《公司法》所规定的股东权利
- 公司债券的持有人，无论公司是否有盈利，对公司享有按照约定给付利息的请求权，而股票持有人，则必须在公司有盈利时才能依法获得股利分配
- 公司债券到了约定期限，公司必须偿还债券本金，而股票持有人仅在公司解散时方可请求分配剩余财产

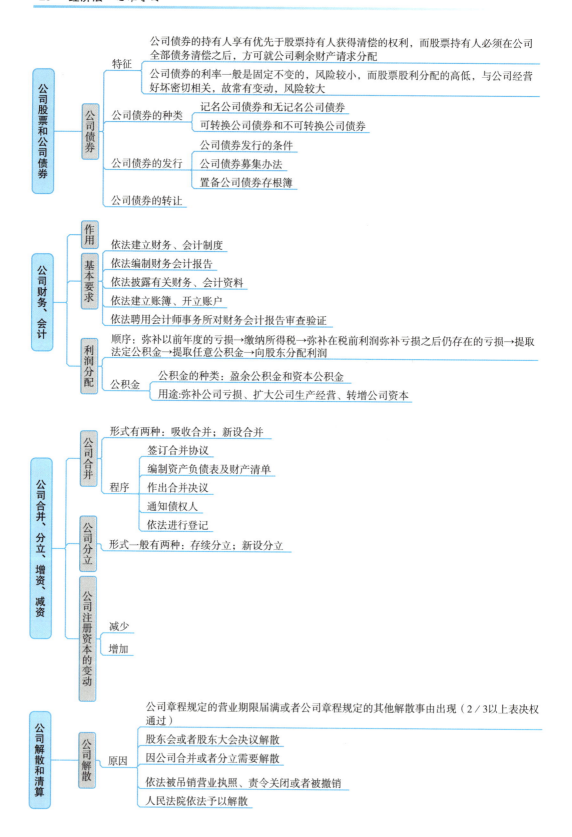

公司股票和公司债券

公司债券
- 特征
  - 公司债券的持有人享有优先于股票持有人获得清偿的权利,而股票持有人必须在公司全部债务清偿之后,方可就公司剩余财产请求分配
  - 公司债券的利率一般是固定不变的,风险较小,而股票股利分配的高低,与公司经营好坏密切相关,故常有变动,风险较大
- 公司债券的种类
  - 记名公司债券和无记名公司债券
  - 可转换公司债券和不可转换公司债券
- 公司债券的发行
  - 公司债券发行的条件
  - 公司债券募集办法
  - 置备公司债券存根簿
- 公司债券的转让

公司财务、会计
- 作用
- 基本要求
  - 依法建立财务、会计制度
  - 依法编制财务会计报告
  - 依法披露有关财务、会计资料
  - 依法建立账簿、开立账户
  - 依法聘用会计师事务所对财务会计报告审查验证
- 利润分配
  - 顺序:弥补以前年度的亏损→缴纳所得税→弥补在税前利润弥补亏损之后仍存在的亏损→提取法定公积金→提取任意公积金→向股东分配利润
  - 公积金
    - 公积金的种类:盈余公积金和资本公积金
    - 用途:弥补公司亏损、扩大公司生产经营、转增公司资本

公司合并、分立、增资、减资
- 公司合并
  - 形式有两种:吸收合并;新设合并
  - 程序
    - 签订合并协议
    - 编制资产负债表及财产清单
    - 作出合并决议
    - 通知债权人
    - 依法进行登记
- 公司分立
  - 形式一般有两种:存续分立;新设分立
- 公司注册资本的变动
  - 减少
  - 增加

公司解散和清算
- 公司解散
  - 原因
    - 公司章程规定的营业期限届满或者公司章程规定的其他解散事由出现(2/3以上表决权通过)
    - 股东会或者股东大会决议解散
    - 因公司合并或者分立需要解散
    - 依法被吊销营业执照、责令关闭或者被撤销
    - 人民法院依法予以解散

公司解散和清算
├─ 公司解散
│   └─ 公司司法解散：持有公司全部股东表决权10%以上的股东，可以下列事由之一，请求人民法院解散公司
│       ├─ 公司持续两年以上无法召开股东会或者股东大会，公司经营管理发生严重困难的
│       ├─ 股东表决时无法达到法定或者公司章程规定的比例，持续两年以上不能作出有效的股东会或者股东大会决议，公司经营管理发生严重困难的
│       ├─ 公司董事长期冲突，且无法通过股东会或者股东大会解决，公司经营管理发生严重困难的
│       └─ 经营管理发生其他严重困难，公司继续存续会使股东利益受到重大损失的情形
└─ 公司清算
    ├─ 清算组
    │   ├─ 清算组的组成（成员产生机构）
    │   └─ 职权（7条）
    ├─ 公司清算的程序：组织清算组→清理公司财产→公告和通知公司债权人→登记债权、编制清算方案→收取债权、清偿债务，分配剩余财产→制作清算报告→进行公司注销登记
    └─ 公司清算法律责任
        ├─ 怠于成立清算组的法律责任
        └─ 清算组成员的法律责任
            ├─ 清算组成员应当忠于职守，依法履行清算义务
            ├─ 清算组不依照规定向公司登记机关报送清算报告，或者报送清算报告隐瞒重要事实或者有重大遗漏的，由公司登记机关责令改正
            ├─ 公司在清算期间开展与清算无关的经营活动的，由公司登记机关予以警告，没收违法所得
            └─ 公司在合并、分立、减少注册资本或者进行清算时，不依照规定通知或者公告债权人的，由公司登记机关责令改正，对公司处以1万元以上10万元以下的罚款

# 第三章　合伙企业法律制度

第三章 合伙企业法律制度

- 合伙企业法律制度概述
  - 合伙企业的概念及分类
  - 合伙企业法的概念和基本原则

- 普通合伙企业
  - 普通合伙企业的概念
  - 普通合伙企业的设立
  - 普通合伙企业财产
  - 合伙事务执行
  - 合伙企业与第三人关系
  - 入伙与退伙
  - 特殊的普通合伙企业

- 有限合伙企业
  - 有限合伙企业的概念及法律适用
  - 有限合伙企业设立的特殊规定
  - 有限合伙企业事务执行的特殊规定
  - 有限合伙人财产出质与转让的特殊规定
  - 有限合伙人债务清偿的特殊规定
  - 有限合伙人入伙与退伙的特殊规定
  - 有限合伙企业合伙人性质转变的特殊规定

- 合伙企业的解散和清算
  - 合伙企业的解散
  - 合伙企业的清算

合伙企业法律制度概述
- 合伙企业的概念及分类
  - 合伙是指两个以上的人为着共同目的，相互约定共同出资、共同经营、共享收益、共担风险的自愿联合
  - 合伙企业，是指自然人、法人和其他组织依照《中华人民共和国合伙企业法》（以下简称《合伙企业法》）在中国境内设立的普通合伙企业和有限合伙企业
  - 普通合伙企业由普通合伙人组成，合伙人对合伙企业债务承担无限连带责任
  - 有限合伙企业由普通合伙人和有限合伙人组成，普通合伙人对合伙企业债务承担无限连带责任，有限合伙人以其认缴的出资额为限对合伙企业债务承担责任
- 合伙企业法的概念和基本原则
  - 合伙企业法的概念
    - 狭义的合伙企业法，是指由国家立法机关依法制定的、规范合伙企业合伙关系的专门法律，即《合伙企业法》
    - 广义的合伙企业法，是指国家立法机关或者其他有权机关依法制定的、调整合伙企业合伙关系的各种法律规范的总称
  - 合伙企业法的基本原则
    - （1）协商原则
    - （2）自愿、平等、公平、诚实信用原则
    - （3）守法原则
    - （4）合法权益受法律保护原则
    - （5）依法纳税原则

普通合伙企业
- 普通合伙企业的概念
  - 由普通合伙人组成
  - 合伙人对合伙企业债务依法承担无限连带责任，法律另有规定的除外
  - 在特殊情况下，合伙人可以不承担无限连带责任
- 普通合伙企业的设立
  - 普通合伙企业的设立条件
    - 有两个以上合伙人
    - 有书面合伙协议
    - 有合伙人认缴或者实际缴付的出资
    - 有合伙企业的名称和生产经营场所
    - 法律、行政法规规定的其他条件
  - 普通合伙企业的设立登记
    - 申请人向企业登记机关提交相关文件
    - 普通合伙企业登记备案事项
    - 企业登记机关核发营业执照
- 普通合伙企业财产
  - 合伙企业财产的构成
    - 合伙人的出资
    - 以合伙企业名义取得的收益
    - 依法取得的其他财产
  - 合伙企业财产的性质
    - 独立性，是指合伙企业的财产独立于合伙人，合伙人出资以后，一般来说，便丧失了对其作为出资部分的财产的所有权或者持有权、占有权，合伙企业的财产权主体是合伙企业，而不是单独的每一个合伙人
    - 完整性，是指合伙企业的财产作为一个完整的统一体而存在，合伙人对合伙企业的财产权益表现为依照合伙协议所确定的财产收益份额或者比例

普通合伙企业

## 普通合伙企业财产

**合伙人财产份额的转让**

除合伙协议另有约定外，合伙人向合伙人以外的人转让其在合伙企业中的全部或者部分财产份额时，须经其他合伙人一致同意

合伙人之间转让在合伙企业中的全部或者部分财产份额时，应当通知其他合伙人

合伙人向合伙人以外的人转让其在合伙企业中的财产份额的，在同等条件下，其他合伙人有优先购买权；但是，合伙协议另有约定的除外

## 合伙事务执行

**合伙事务执行的形式**

全体合伙人共同执行合伙事务。这是合伙事务执行的基本形式，也是在合伙企业中经常使用的一种形式

委托一个或者数个合伙人执行合伙事务

**合伙人在执行合伙事务中的权利和义务**

1. 合伙人在执行合伙事务中的权利
   - （1）合伙人对执行合伙事务享有同等的权利
   - （2）执行合伙事务的合伙人对外代表合伙企业
   - （3）不执行合伙事务的合伙人的监督权利
   - （4）合伙人查阅合伙企业会计账簿等财务资料的权利
   - （5）合伙人有提出异议的权利和撤销委托的权利

2. 合伙人在执行合伙事务中的义务
   - （1）合伙事务执行人向不参加执行事务的合伙人报告企业经营状况和财务状况
   - （2）合伙人不得自营或者同他人合作经营与本合伙企业相竞争的业务
   - （3）合伙人不得同本合伙企业进行交易
   - （4）合伙人不得从事损害本合伙企业利益的活动

**合伙事务执行的决议办法**

由合伙协议对决议办法作出约定

实行合伙人一人一票并经全体合伙人过半数通过的表决办法

全体合伙人一致同意

**合伙企业的损益分配**

1. 合伙损益
   - （1）合伙利润，是指以合伙企业的名义从事经营活动所取得的经济利益，它反映了合伙企业在一定期间的经营成果
   - （2）合伙亏损，是指以合伙企业的名义从事经营活动所形成的亏损

2. 合伙损益分配原则
   - （1）合伙企业的利润分配、亏损分担，按照合伙协议的约定办理；合伙协议未约定或者约定不明确的，由合伙人协商决定；协商不成的，由合伙人按照实缴出资比例分配、分担；无法确定出资比例的，由合伙人平均分配、分担
   - （2）合伙协议不得约定将全部利润分配给部分合伙人或者由部分合伙人承担全部亏损

**非合伙人参与经营管理**

除合伙协议另有约定外，经全体合伙人一致同意，可以聘任合伙人以外的人担任合伙企业的经营管理人员

被聘任的经营管理人员，仅是合伙企业的经营管理人员，不是合伙企业的合伙人，因而不具有合伙人的资格

被聘任的经营管理人员应当在合伙企业授权范围内履行职务；被聘任的经营管理人员，超越合伙企业授权范围履行职务，或者在履行职务过程中因故意或者重大过失给合伙企业造成损失的，依法承担赔偿责任

## 合伙企业与第三人关系

**合伙企业对外代表权的效力**

1. 合伙事务执行中的对外代表权
   - （1）由全体合伙人共同执行合伙企业事务的，全体合伙人都有权对外代表合伙企业，即全体合伙人都取得了合伙企业的对外代表权
   - （2）由部分合伙人执行合伙企业事务的，只有受委托执行合伙企业事务的那一部分合伙人有权对外代表合伙企业，而不参加执行合伙企业事务的合伙人则不具有对外代表合伙企业的权利
   - （3）由于特别授权在单项合伙事务上有执行权的合伙人，依照授权范围可以对外代表合伙企业

普通合伙企业

合伙企业与第三人关系

合伙企业对外代表权的效力

2.合伙企业对外代表权的限制

合伙人执行合伙事务的权利和对外代表合伙企业的权利，都会受到一定的内部限制

如果这种内部限制对第三人发生效力，必须以第三人知道这一情况为条件，否则，该内部限制不对该第三人产生抗辩力

合伙企业和合伙人的债务清偿

1.合伙企业的债务清偿与合伙人的关系

（1）合伙企业财产优先清偿。合伙企业对其债务，应先以其全部财产进行清偿。合伙企业的债权人应首先从合伙企业的全部财产中求偿，而不应当向合伙人个人直接请求债权

（2）合伙企业不能清偿到期债务的，合伙人承担无限连带责任

（3）合伙人由于承担无限连带责任，清偿数额超过规定的其亏损分担比例的，有权向其他合伙人追偿。合伙企业的亏损分担，按照合伙协议的约定办理；合伙协议未约定或者约定不明确的，由合伙人协商决定；协商不成的，由合伙人按照实缴出资比例分担；无法确定出资比例的，由合伙人平均分担

2.合伙人的债务清偿与合伙企业的关系

（1）合伙人发生与合伙企业无关的债务，相关债权人不得以其债权抵销其对合伙企业的债务；也不得代位行使合伙人在合伙企业中的权利

（2）合伙人的自有财产不足清偿其与合伙企业无关的债务的，该合伙人可以其从合伙企业中分取的收益用于清偿；债权人也可以依法请求人民法院强制执行该合伙人在合伙企业中的财产份额用于清偿

入伙与退伙

入伙

入伙，是指在合伙企业存续期间，合伙人以外的第三人加入合伙，从而取得合伙人资格

1.入伙的条件和程序

（1）新合伙人入伙，应当经全体合伙人一致同意，未获得一致同意的，不得入伙

（2）合伙协议无另外约定，如果合伙协议对新合伙人入伙约定了相应的条件，则必须按照约定执行

（3）新合伙人入伙，应当依法订立书面入伙协议，入伙协议应当以原合伙协议为基础，并对原合伙协议事项作相应变更，订立入伙协议不得违反公平原则、诚实信用原则

（4）订立入伙协议时，原合伙人应当向新合伙人如实告知原合伙企业的经营状况和财务状况

2.新合伙人的权利和责任

一般来讲，入伙的新合伙人与原合伙人享有同等权利，承担同等责任

如果原合伙人愿意以更优越的条件吸引新合伙人入伙，或者新合伙人愿意以较为不利的条件入伙，也可以在入伙协议中另行约定

新合伙人对入伙前合伙企业的债务承担无限连带责任

退伙

退伙，是指合伙人退出合伙企业，从而丧失合伙人资格

1.退伙的原因

（1）自愿退伙，是指合伙人基于自愿的意思表示而退伙

协议退伙

①合伙协议约定的退伙事由出现

②经全体合伙人一致同意

③发生合伙人难以继续参加合伙的事由

④其他合伙人严重违反合伙协议约定的义务

⑤合伙人违反上述规定退伙的，应当赔偿由此给合伙企业造成的损失

通知退伙

①必须是合伙协议未约定合伙企业的经营期限

②必须是合伙人的退伙不给合伙企业事务执行造成不利影响

③必须提前30日通知其他合伙人

④合伙人违反上述规定退伙的，应当赔偿由此给合伙企业造成的损失

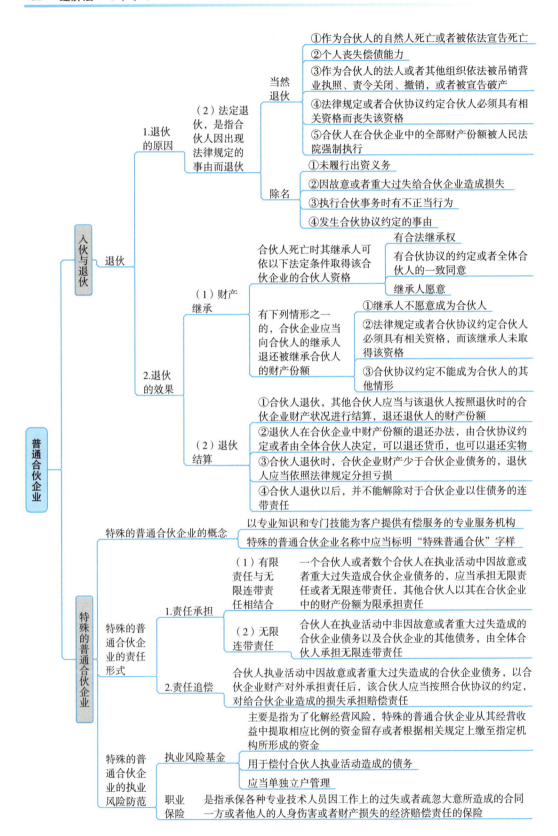

普通合伙企业

入伙与退伙

退伙

1.退伙的原因

（2）法定退伙，是指合伙人因出现法律规定的事由而退伙

当然退伙
①作为合伙人的自然人死亡或者被依法宣告死亡
②个人丧失偿债能力
③作为合伙人的法人或者其他组织依法被吊销营业执照、责令关闭、撤销，或者被宣告破产
④法律规定或者合伙协议约定合伙人必须具有相关资格而丧失该资格
⑤合伙人在合伙企业中的全部财产份额被人民法院强制执行

除名
①未履行出资义务
②因故意或者重大过失给合伙企业造成损失
③执行合伙事务时有不正当行为
④发生合伙协议约定的事由

2.退伙的效果

（1）财产继承

合伙人死亡时其继承人可依以下法定条件取得该合伙企业的合伙人资格
有合法继承权
有合伙协议的约定或者全体合伙人的一致同意
继承人愿意

有下列情形之一的，合伙企业应当向合伙人的继承人退还被继承合伙人的财产份额
①继承人不愿意成为合伙人
②法律规定或者合伙协议约定合伙人必须具有相关资格，而该继承人未取得该资格
③合伙协议约定不能成为合伙人的其他情形

（2）退伙结算
①合伙人退伙，其他合伙人应当与该退伙人按照退伙时的合伙企业财产状况进行结算，退还退伙人的财产份额
②退伙人在合伙企业中财产份额的退还办法，由合伙协议约定或者由全体合伙人决定，可以退还货币，也可以退还实物
③合伙人退伙时，合伙企业财产少于合伙企业债务的，退伙人应当依照法律规定分担亏损
④合伙人退伙以后，并不能解除对于合伙企业以住债务的连带责任

特殊的普通合伙企业

特殊的普通合伙企业的概念
以专业知识和专门技能为客户提供有偿服务的专业服务机构
特殊的普通合伙企业名称中应当标明"特殊普通合伙"字样

特殊的普通合伙企业的责任形式

1.责任承担

（1）有限责任与无限连带责任相结合
一个合伙人或者数个合伙人在执业活动中因故意或者重大过造成合伙企业债务的，应当承担无限责任或者无限连带责任，其他合伙人以其在合伙企业中的财产份额为限承担责任

（2）无限连带责任
合伙人在执业活动中非因故意或者重大过失造成的合伙企业债务以及合伙企业的其他债务，由全体合伙人承担无限责任

2.责任追偿
合伙人执业活动中因故意或者重大过失造成的合伙企业债务，以合伙企业财产对外承担责任后，该合伙人应当按照合伙协议的约定，对给合伙企业造成的损失承担赔偿责任

特殊的普通合伙企业的执业风险防范

执业风险基金
主要是指为了化解经营风险，特殊的普通合伙企业从其经营收益中提取相应比例的资金留存或者根据相关规定上缴至指定机构所形成的资金
用于偿付合伙人执业活动造成的债务
应当单独立户管理

职业保险
是指承保各种专业技术人员因工作上的过失或者疏忽大意所造成的合同一方或者他人的人身伤害或者财产损失的经济赔偿责任的保险

有限合伙企业
├─ 有限合伙企业的概念及法律适用
│   ├─ 有限合伙企业的概念
│   │   ├─ 有限合伙企业，是指由有限合伙人和普通合伙人共同组成，普通合伙人对合伙企业债务承担无限连带责任，有限合伙人以其认缴的出资额为限对合伙企业债务承担责任的合伙组织
│   │   └─ 有限合伙企业与普通合伙企业和有限责任公司相比较
│   │       ├─（1）在经营管理上
│   │       │   ├─ 普通合伙企业的合伙人一般均可参与合伙企业的经营管理
│   │       │   ├─ 有限责任公司的股东有权参与公司的经营管理（含直接参与和间接参与）
│   │       │   └─ 有限合伙企业中，有限合伙人不执行合伙事务，而由普通合伙人从事具体的经营管理
│   │       └─（2）在风险承担上
│   │           ├─ 普通合伙企业的合伙人之间对合伙债务承担无限连带责任
│   │           ├─ 有限责任公司的股东对公司债务以其各自的出资额为限承担有限责任
│   │           └─ 有限合伙企业中，不同类型的合伙人所承担的责任则存在差异，其中有限合伙人以其各自的出资额为限承担有限责任，普通合伙人之间承担无限连带责任
│   └─ 有限合伙企业的法律适用
│       ├─ 有限合伙企业的成员划分为两部分，即有限合伙人和普通合伙人。这两部分合伙人在主体资格、权利享有、义务承受与责任承担等方面存在着明显的差异
│       └─《合伙企业法》中对有限合伙企业有特殊规定的，应当适用有关特殊规定；无特殊规定的，适用有关普通合伙企业及其合伙人的一般规定
└─ 有限合伙企业设立的特殊规定
    ├─ 有限合伙企业的合伙人
    │   ├─ 有限合伙企业由2个以上50个以下合伙人设立
    │   ├─ 有限合伙企业至少应当有1个普通合伙人
    │   └─ 自然人、法人和其他组织可以依照法律规定设立有限合伙企业，但国有独资公司、国有企业、上市公司以及公益性的事业单位、社会团体不得成为有限合伙企业的普通合伙人
    ├─ 有限合伙企业名称　有限合伙企业名称中应当标明"有限合伙"字样
    ├─ 有限合伙企业协议
    │   ├─ 普通合伙人和有限合伙人的姓名或者名称、住所
    │   ├─ 执行事务合伙人应具备的条件和选择程序
    │   ├─ 执行事务合伙人权限与违约处理办法
    │   ├─ 执行事务合伙人的除名条件和更换程序
    │   ├─ 有限合伙人入伙、退伙的条件、程序以及相关责任
    │   └─ 有限合伙人和普通合伙人相互转变程序
    ├─ 有限合伙人出资形式
    │   ├─ 可以用货币、实物、知识产权、土地使用权或者其他财产权利作价出资
    │   └─ 不得以劳务出资
    ├─ 有限合伙人出资义务
    │   ├─ 有限合伙人应当按照合伙协议的约定按期足额缴纳出资
    │   └─ 未按期足额缴纳的，应当承担补缴义务，并对其他合伙人承担违约责任
    └─ 有限合伙企业登记事项　应当载明有限合伙人的姓名或者名称及认缴的出资数额

有限合伙企业

**有限合伙企业事务执行的特殊规定**

- 有限合伙企业事务执行人　普通合伙人执行合伙事务
- 禁止有限合伙人执行合伙事务
  - 有限合伙人不执行合伙事务，不得对外代表有限合伙企业
  - 第三人有理由相信有限合伙人为普通合伙人并与其交易的，该有限合伙人对该笔交易承担与普通合伙人同样的责任
  - 有限合伙人未经授权以有限合伙企业名义与他人进行交易，给有限合伙企业或者其他合伙人造成损失的，该有限合伙人应当承担赔偿责任
- 有限合伙企业利润分配　有限合伙企业不得将全部利润分配给部分合伙人；但是，合伙协议另有约定的除外
- 有限合伙人权利
  - 1.有限合伙人可以同本企业进行交易
  - 2.有限合伙人可以经营与本企业相竞争的业务

**有限合伙人财产出质与转让的特殊规定**

- 有限合伙人财产份额出质
  - 有限合伙人可以将其在有限合伙企业中的财产份额出质
  - 有限合伙企业合伙协议可以对有限合伙人的财产份额出质作出约定，如有特殊约定，应按特殊约定进行
- 有限合伙人财产份额转让
  - 要按照合伙协议的约定进行转让
  - 应当提前30日通知其他合伙人
  - 有限合伙人对外转让其在有限合伙企业的财产份额时，有限合伙企业的其他合伙人有优先购买权

**有限合伙人债务清偿的特殊规定**

- 有限合伙人的自有财产不足清偿其与合伙企业无关的债务的，该合伙人可以以其从有限合伙企业中分取的收益用于清偿
- 债权人也可以依法请求人民法院强制执行该合伙人在有限合伙企业中的财产份额用于清偿，人民法院强制执行有限合伙人的财产份额时，应当通知全体合伙人
- 在同等条件下，其他合伙人有优先购买权

**有限合伙人入伙与退伙的特殊规定**

- 入伙　新入伙的有限合伙人对入伙前有限合伙企业的债务，以其认缴的出资额为限承担责任
- 退伙
  - 1.有限合伙人当然退伙
    - （1）作为合伙人的自然人死亡或者被依法宣告死亡
    - （2）作为合伙人的法人或者其他组织依法被吊销营业执照、责令关闭、撤销，或者被宣告破产
    - （3）法律规定或者合伙协议约定合伙人必须具有相关资格而丧失该资格
    - （4）合伙人在合伙企业中的全部财产份额被人民法院强制执行
  - 2.有限合伙人丧失民事行为能力的处理　其他合伙人不得因此要求其退伙
  - 3.有限合伙人继承人的权利　可以依法取得该有限合伙人在有限合伙企业中的资格
  - 4.有限合伙人退伙后的责任承担　有限合伙人退伙后，对基于其退伙前的原因发生的有限合伙企业债务，以其退伙时从有限合伙企业中取回的财产承担责任

**有限合伙企业合伙人性质转变的特殊规定**

- 除合伙协议另有约定外，普通合伙人转变为有限合伙人，或者有限合伙人转变为普通合伙人，应当经全体合伙人一致同意
- 有限合伙人转变为普通合伙人的，对其作为有限合伙人期间有限合伙企业发生的债务承担无限连带责任
- 普通合伙人转变为有限合伙人的，对其作为普通合伙人期间合伙企业发生的债务承担无限连带责任

合伙企业的解散和清算

合伙企业的解散

1.合伙企业的解散　是指各合伙人解除合伙协议，合伙企业终止活动

2.合伙企业应当解散的情形
- （1）合伙期限届满，合伙人决定不再经营
- （2）合伙协议约定的解散事由出现
- （3）全体合伙人决定解散
- （4）合伙人已不具备法定人数满30天
- （5）合伙协议约定的合伙目的已经实现或者无法实现
- （6）依法被吊销营业执照、责令关闭或者被撤销
- （7）法律、行政法规规定的其他原因

合伙企业的清算

确定清算人
- 清算人由全体合伙人担任
- 经全体合伙人过半数同意，可以自合伙企业解散事由出现后15日内指定一个或者数个合伙人，或者委托第三人担任清算人
- 自合伙企业解散事由出现之日起15日内未确定清算人的，合伙人或者其他利害关系人可以申请人民法院指定清算人

清算人职责
- 清理合伙企业财产，分别编制资产负债表和财产清单
- 处理与清算有关的合伙企业未了结事务
- 清缴所欠税款
- 清理债权、债务
- 处理合伙企业清偿债务后的剩余财产
- 代表合伙企业参加诉讼或者仲裁活动

通知和公告债权人
- 清算人自被确定之日起10日内将合伙企业解散事项通知债权人，并于60日内在报纸上公告
- 债权人应当自接到通知书之日起30日内，未接到通知书的自公告之日起45日内，向清算人申报债权

财产清偿顺序

1.合伙企业的财产首先用于支付合伙企业的清算费用
- （1）管理合伙企业财产的费用
- （2）处分合伙企业财产的费用
- （3）清算过程中的其他费用

2.合伙企业的财产支付合伙企业的清算费用后的清偿顺序
- 合伙企业职工工资、社会保险费用和法定补偿金
- 缴纳所欠税款
- 清偿债务

3.合伙企业财产依法清偿后仍有剩余时，对剩余财产依照《合伙企业法》的规定进行分配，即按照合伙协议的约定办理
- 合伙协议未约定或者约定不明确的，由合伙人协商决定
- 协商不成的，由合伙人按照实缴出资比例分配
- 无法确定出资比例的，由合伙人平均分配

注销登记
- 清算结束，清算人应当编制清算报告，经全体合伙人签名、盖章后，在15日内向企业登记机关报送清算报告，申请办理合伙企业注销登记，经企业登记机关注销登记，合伙企业终止
- 合伙企业注销后，原普通合伙人对合伙企业存续期间的债务仍应承担无限连带责任

合伙企业不能清偿到期债务的处理
- 合伙企业不能清偿到期债务的，债权人可以依法向人民法院提出破产清算申请，也可以要求普通合伙人清偿
- 合伙企业依法被宣告破产的，普通合伙人对合伙企业债务仍应承担无限连带责任

# 第四章 物权法律制度

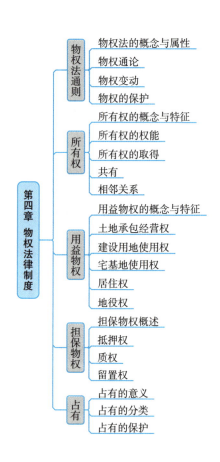

第四章 物权法律制度

- 物权法通则
  - 物权法的概念与属性
  - 物权通论
  - 物权变动
  - 物权的保护
- 所有权
  - 所有权的概念与特征
  - 所有权的权能
  - 所有权的取得
  - 共有
  - 相邻关系
- 用益物权
  - 用益物权的概念与特征
  - 土地承包经营权
  - 建设用地使用权
  - 宅基地使用权
  - 居住权
  - 地役权
- 担保物权
  - 担保物权概述
  - 抵押权
  - 质权
  - 留置权
- 占有
  - 占有的意义
  - 占有的分类
  - 占有的保护

物权法的概念与属性
├─ 物权法的概念
│　├─ 狭义的物权法，又称形式意义的物权法，在我国指《民法典》物权编
│　└─ 广义的物权法，又称实质意义的物权法，指调整财产归属和利用关系的所有法律规范，除《民法典》物权编外，还包括其他法律、法规、司法解释有关财产归属和利用的规定
└─ 物权法的属性
　　├─ 1.物权法是私法
　　├─ 2.物权法是财产法
　　├─ 3.物权法存在大量强制性规范
　　└─ 4.物权法具有较强的本土性色彩

物权法通则
└─ 物权通论
　├─ 物权的概念
　│　├─ 1.物权的界定
　│　│　├─ 所有权
　│　│　│　├─ 国家所有权
　│　│　│　├─ 集体所有权
　│　│　│　└─ 私人所有权
　│　│　├─ 用益物权
　│　│　│　├─ 土地承包经营权
　│　│　│　├─ 建设用地使用权
　│　│　│　├─ 宅基地使用权
　│　│　│　├─ 居住权
　│　│　│　└─ 地役权
　│　│　└─ 担保物权
　│　│　　├─ 抵押权
　│　│　　├─ 质权
　│　│　　└─ 留置权
　│　└─ 2.物权的属性
　│　　├─（1）物权是主体直接支配标的物的权利　　所谓直接支配，是指物权人对于标的物的支配，无须他人意思或行为介入即可实现
　│　　├─（2）物权是排他性的财产权
　│　　│　├─ 同一标的物上不得存在两个或两个以上不相容的物权，尤其是两个或两个以上的所有权
　│　　│　└─ 同一标的物上容许同时存在的数个担保物权，则需要通过约定或法定规则确定彼此之间效力的优先劣后顺序
　│　　├─（3）物权的客体具有特定性　　物权的客体必须是特定的，否则，物权人将无从支配标的物
　│　　└─（4）物权的权利人是特定的，义务人不特定　　因物权人对物的支配可自主实现，无须他人以积极行为予以协助，但其他人需承担尊重、不侵害物权人对物支配的消极不作为义务，所以，物权的义务人是物权人之外不特定的所有其他人
　└─ 物权的客体
　　├─ 1.作为物权客体的物
　　│　├─ 物须具有客观物质性，系有体物，且可为人的支配和使用
　　│　└─ 在法律特别规定情形中，权利可以成为物权的客体
　　└─ 2.物的分类
　　　└─（1）动产与不动产
　　　　├─ 依据物能否移动且是否因移动而损害其价值为标准，可以将物划分为动产与不动产
　　　　├─ 动产与不动产区分的法律意义主要是，以二者为基础形成的动产物权与不动产物权，其公示方法、变动要件不同
　　　　└─ 涉诉时的裁判管辖（不动产涉诉时，由不动产所在地法院专属管辖）等方面也存在区别

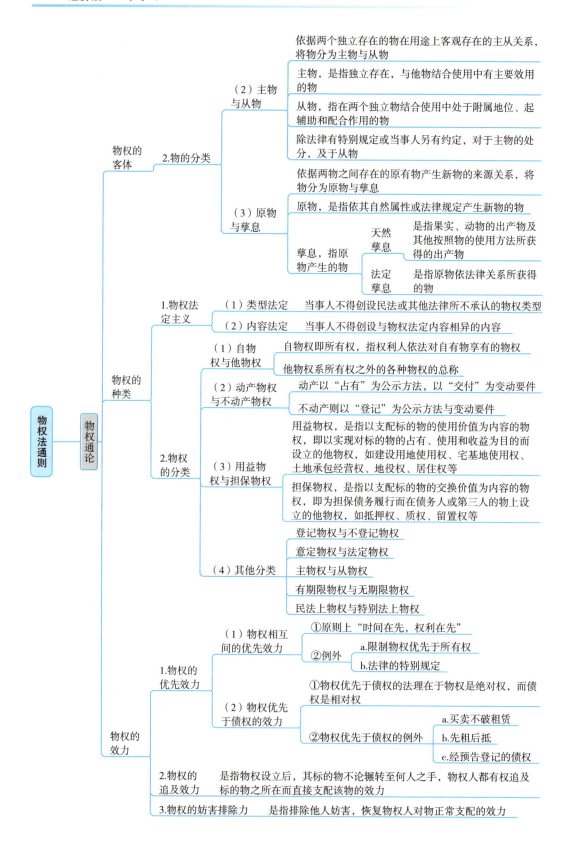

物权变动，是指物权的发生、变更、消灭；自物权主体角度而言，对应为物权的取得、变更、丧失

物权法通则 — 物权变动

**物权变动概述**

**1.物权变动的概念**

（1）物权的发生：是指物权与特定主体的结合；自特定物权人而言，即为物权的取得

- ①原始取得：是指非依据他人既存的权利而独立取得物权，又称物权的固有取得或物权的绝对发生
- ②继受取得：是指基于他人既存的权利而取得物权，又称物权的传来取得、物权的相对发生
  - a.移转继受取得，是指就他人既有的物权，依其原状移转而取得，实即物权主体的变更
  - b.创设继受取得，是指以既存物权人的权利为基础，创设限制物权而取得

（2）物权的变更
- 广义，指物权的主体、客体、内容发生改变
- 狭义，仅指物权的客体、内容的部分改变

（3）物权的消灭：是指物权与其主体相分离；就物权主体而言，即为物权的丧失
- ①绝对消灭，是指因标的物灭失而物权自身不存在。物权以物为客体，物灭失，则以物为基础的物权彻底地消灭
- ②相对消灭，是指物权与原主体相分离，但物权本身并未消灭，实为物权主体的变更

**2.物权变动的原因**

（1）引起物权变动的法律行为
- 主要有买卖、互换、赠与、遗赠，以及设定、变更、终止他物权的各种法律行为
- 动产物权变动另需有动产的交付才能生效
- 不动产物权变动还需要有相应的登记才会生效

（2）法律行为之外的法律事实：主要有添附、法定继承、无主物的取得、善意取得，以及征用、没收、罚款等

**物权变动的公示与公信原则**

**1.公示原则**

（1）含义：是指物权变动行为须以法定公示方式进行才能生效的原则
- 法定公式方法，动产物权变动为"条件"，不动产物权变动为"登记"

（2）立法理由：只有具备可由外部辨识的公示表征，才足以明确物权归属，减少交易成本，明晰权利边界，防止第三人的侵害

（3）内容
- 物权变动经公示的，发生权利变动的效力，即产生物权取得、变更、丧失的后果，并受法律保护
- 不公示的，不能发生物权变动的效力
- 关于不动产物权变动，登记生效为一般性原则，但存在法律规定的如下例外
  - ①在具体规则设计上，土地承包经营权、地役权的设定，以登记为对抗要件而非生效要件
  - ②非因法律行为而取得不动产物权的，不以登记为生效要件
  - ③依法属于国家所有的自然资源，所有权可以不登记

**2.公信原则**

（1）含义：物权变动既以登记、交付为公示方法，即使此表征与真实的权利不符，对于信赖此公示方法而为交易的善意第三人，法律应对其信赖予以保护
- 主要适用于交换关系中的物权变动。非交换性质的物权变动，可具体适用其他特殊规定

（2）公信原则的法理：依法定公示方式转让物权的，善意受让人出于对公示的信赖，法律应保障其取得物权，否则，交易将失去起码的法律保障

物权法通则 — 物权变动 — 不动产物权变动

1.基于法律行为而发生的不动产物权变动

（1）不动产物权登记概述

①不动产物权登记的概念：指物权变动当事人按照法律的要求，向国家主管机关提交申请书、有关的产权证书、合同书等，要求登载记录物权变动事项，该机关经审查无误后，将物权变动事项记载于不动产登记簿

②不动产物权登记的类型：不动产物权登记包括总登记、首次登记、转移登记、变更登记、更正登记、异议登记、预告登记、注销登记等

③不动产物权的统一登记：国家对不动产实行统一登记制度

④不动产物权登记机构：不动产登记，由不动产所在地的登记机构办理

⑤不动产登记簿：是指由不动产登记机构依法制作的，对其辖区内的不动产物权及其变动状况予以记载的官方记录簿

不动产登记簿是物权归属和内容的根据

（2）不动产物权登记的具体类型

①总登记：是指登记机构对特定行政管辖区域内所有不动产进行的全部登记，包括土地总登记和建筑物所有权的第一次登记

属于行政管理意义上的登记，目的是建立完整的不动产产籍产权制度

②首次登记：又称初始登记，是指不动产物权的第一次登记

不动产物权首次登记具有重要意义，未经办理不动产首次登记，不得办理不动产其他类型的登记，法律、行政法规另有规定的除外

③他项权利登记：又称他物权登记，如在不动产上创设建设用地使用权、地役权、抵押权等

④转移登记：俗称过户登记，是指不动产物权从转让人转移至受让人所办理的登记

转移登记是不动产物权转移的生效要件

⑤变更登记：是指不动产物权的分割、合并和增减时进行的登记

⑥更正登记：是指对不正确的不动产登记内容进行更正的登记

通过更正登记，使得登记所表征的权利符合真实的权利状态，避免真实的权利人因登记而受到损害

⑦异议登记

a.异议登记的意义：所谓异议登记，是指登记机构就利害关系人对于不动产登记簿登记事项的异议进行的登记

异议登记一经完成，即中止不动产登记权利的推定效力和公信力，第三人因此不得依据登记的公信力主张善意取得登记的不动产物权

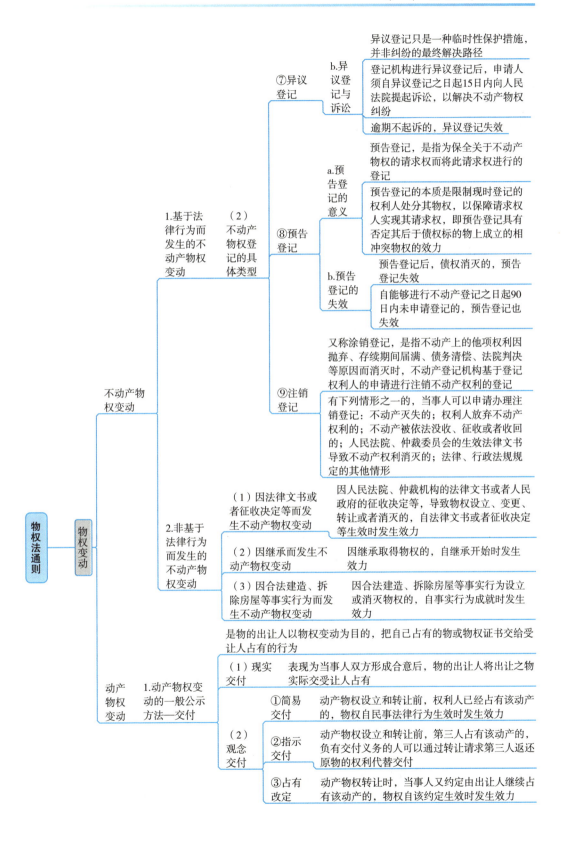

物权法通则 — 物权变动

不动产物权变动

1.基于法律行为而发生的不动产物权变动

（2）不动产物权登记的具体类型

⑦异议登记
- b.异议登记与诉讼
  - 异议登记只是一种临时性保护措施，并非纠纷的最终解决路径
  - 登记机构进行异议登记后，申请人须自异议登记之日起15日内向人民法院提起诉讼，以解决不动产物权纠纷
  - 逾期不起诉的，异议登记失效

⑧预告登记
- a.预告登记的意义
  - 预告登记，是指为保全关于不动产物权的请求权而将此请求权进行的登记
  - 预告登记的本质是限制现时登记的权利人处分其物权，以保障请求权人实现其请求权，即预告登记具有否定其后于债权标的物上成立的相冲突物权的效力
- b.预告登记的失效
  - 预告登记后，债权消灭的，预告登记失效
  - 自能够进行不动产登记之日起90日内未申请登记的，预告登记也失效

⑨注销登记
- 又称涂销登记，是指不动产上的他项权利因抛弃、存续期间届满、债务清偿、法院判决等原因而消灭时，不动产登记机构基于登记权利人的申请进行注销不动产权利的登记
- 有下列情形之一的，当事人可以申请办理注销登记：不动产灭失的；权利人放弃不动产权利的；不动产被依法没收、征收或者收回的；人民法院、仲裁委员会的生效法律文书导致不动产权利消灭的；法律、行政法规规定的其他情形

2.非基于法律行为而发生的不动产物权变动
- （1）因法律文书或者征收决定等而发生不动产物权变动：因人民法院、仲裁机构的法律文书或者人民政府的征收决定等，导致物权设立、变更、转让或者消灭的，自法律文书或征收决定等生效时发生效力
- （2）因继承而发生不动产物权变动：因继承取得物权的，自继承开始时发生效力
- （3）因合法建造、拆除房屋等事实行为而发生不动产物权变动：因合法建造、拆除房屋等事实行为设立或消灭物权的，自事实行为成就时发生效力

动产物权变动

1.动产物权变动的一般公示方法——交付
- 是物的出让人以物权变动为目的，把自己占有的物或物权证书交给受让人占有的行为
- （1）现实交付：表现为当事人双方形成合意后，物的出让人将出让之物实际交受让人占有
- （2）观念交付
  - ①简易交付：动产物权设立和转让前，权利人已经占有该动产的，物权自民事法律行为生效时发生效力
  - ②指示交付：动产物权设立和转让前，第三人占有该动产的，负有交付义务的人可以通过转让请求第三人返还原物的权利代替交付
  - ③占有改定：动产物权转让时，当事人又约定由出让人继续占有该动产的，物权自该约定生效时发生效力

物权法通则

物权变动 — 动产物权变动 — 2.动产物权变动公示的特别规定
- （1）动产抵押：以动产抵押的，抵押权自抵押合同生效时设立；未经登记，不得对抗善意第三人
- （2）机动车、船舶、航空器等特殊动产的物权变动：船舶、航空器和机动车等的物权的设立、变更、转让和消灭，未经登记，不得对抗善意第三人

物权的保护
- 物权请求权的意义：指物权人于其物权受到侵害或者被侵害的危险时，基于物权而请求侵害者为或不为一定行为，以恢复物权圆满状态的权利
- 标的物返还请求权：指物权人对于无权占有标的物之人，可以请求返还该物的权利
- 妨害排除请求权：妨害物权或者可能妨害物权的，权利人可以请求排除妨害或者消除危险
- 消除危险请求权：指物权人对于有妨害其物权的危险情形，可以请求予以消除的权利

所有权

所有权的概念与特征
- 所有权的概念：指所有权人对自己的不动产或动产，依法享有占有、使用、收益、处分的权利
- 所有权的特征
  - 1.全面支配性
  - 2.统一性（整体性）
  - 3.恒久性
  - 4.弹力性

所有权的权能
- 权能概述：权能是指行使权利的各种可能性
- 积极权能
  - 1.占有，指人对物的事实上管领，即实际控制的权能
  - 2.使用，指依照物的性质和用途加于利用，从而实现权利人利益的权能
  - 3.收益，指获取物的孳息的权能
  - 4.处分，指所有权人变更、消灭其或对物的权利的权能
- 消极权能：指排除他人不法侵夺、干扰或妨害的权能

所有权的取得 — 拾得遗失物
- 1.遗失物的界定：遗失物，是指非基于占有人的意思而丧失占有，现又无人占有且非为无主的动产
- 2.拾得遗失物的法律效果
  - （1）拾得遗失物，应当返还权利人。拾得人应当及时通知权利人领取，或者送交公安等有关部门
  - （2）有关部门收到遗失物，知道权利人的，应当及时通知其领取；不知道的，应当及时发布招领公告。公告期为1年
  - （3）拾得人在遗失物送交有关部门前，有关部门在遗失物被领取前，应当妥善保管遗失物。因故意或者重大过失致使遗失物毁损、灭失的，应当承担民事责任
  - （4）权利人领取遗失物时，应当向拾得人或者有关部门支付保管遗失物等支出的必要费用
  - （5）遗失物自发布招领公告之日起1年内无人认领的，归国家所有
- 3.拾得漂流物、发现埋藏物或者隐藏物情形的参照适用
  - 拾得漂流物、发现埋藏物或者隐藏物的，参照适用拾得遗失物的有关规定。法律另有规定的，依照其规定
  - 漂流物，是指所有权人不明，漂流于江、河、湖、海、溪、沟上的物品
  - 埋藏物，是指包藏于他物之中，而其所有权人不明之动产
  - 隐藏物，是指放置于隐蔽的场所，不易被发现的物

所有权
├─ 所有权的取得
│  ├─ 善意取得
│  │  ├─ 1.概念：是指动产或不动产让与人与受让人间，以移转所有权为目的，由让与人将动产交付或将不动产移转登记于受让人，即使让与人无移转所有权的权利，受让人以善意受让时，仍可取得其所有权之情形
│  │  ├─ 2.要件
│  │  │  ├─（1）须让与人无权处分
│  │  │  ├─（2）须受让人自无处分权人取得占有或接受转移登记
│  │  │  ├─（3）须受让人以合理的价格有偿受让
│  │  │  └─（4）须受让人善意
│  │  ├─ 3.法律效果
│  │  │  ├─（1）受让人取得动产或不动产的所有权
│  │  │  └─（2）原所有权人可向让与人主张损害赔偿
│  │  └─ 4.遗失物被无权处分的特别规定
│  │     ├─（1）遗失物能否善意取得的争论：涉及占有委托物与占有脱离物的区分
│  │     └─（2）遗失物被无权处分的法律效果
│  │        ├─①原所有权人自知道或者应当知道受让人之日起二年内，可以向受让人请求返还原物
│  │        ├─②受让人通过拍卖或者向具有经营资格的经营者购得该遗失物的，权利人请求返还原物时应当支付受让人所付的费用
│  │        └─③权利人向受让人支付所付费用后，有权向无处分权人追偿
│  └─ 添附
│     ├─ 1.添附的意义：是指不同所有权人的物因结合或因加工而形成不可分割的物或具有新质的物，由于恢复原状之不可能或不合理而由一所有人取得或数所有人共同取得该物所有权，并由取得人对于他方因此所受的损失予以补偿
│     ├─ 2.添附的种类
│     │  ├─（1）附合：是指不同所有权人的物因密切结合而形成难以分割的新物，若分割会毁损该物或花费较大
│     │  ├─（2）混合：是指两个或两个以上不同所有权人的动产相互混杂合并，不能识别或识别所需费用过大，因而发生所有权变动的法律事实
│     │  └─（3）加工：是指在他人的物上进行劳作或改造，从而使其具有更高价值的活动
│     └─ 3.添附的法律效果
│        ├─因加工、附合、混合而产生的物的归属，有约定的，按照约定
│        ├─没有约定或者约定不明确的，依照法律规定
│        └─法律没有规定的，按照充分发挥物的效用以及保护无过错当事人的原则确定
└─ 共有
   ├─ 共有的概念
   │  ├─是指两个以上的人对于同一物的共同所有
   │  └─一物之上成立一个所有权，该所有权由多个共有人共同享有
   └─ 按份共有
      ├─ 1.按份共有的概念
      │  ├─是指数人按其应有份额，对于一物，共同享有所有权的形态
      │  └─自共有关系确立时起，各共有人即已确定自己的共有权利份额
      └─ 2.按份共有的效力：是指多个按份共有人之间的权利义务关系，涉及对于共有物的用益、处分、管理以及对于共有份额的处分问题
         └─（1）对内效力：①共有物的用益、处分与管理。按份共有人按照约定管理共有的不动产或者动产；没有约定或者约定不明确的，各共有人都有管理的权利和义务。共有人对共有物的管理费用以及其他负担，有约定的，按照其约定；没有约定或者约定不明确的，按照其份额负担。处分共有的不动产或者动产以及对共有的不动产或者动产作重大修缮、变更性质或者用途的，应当经占份额2/3以上的按份共有人同意，但是共有人之间另有约定的除外

所有权

- 共有
  - 按份共有
    - 2.按份共有的效力
      - （1）对内效力
        - ②共有份额的处分。按份共有人可以转让其享有的共有的不动产或者动产份额。其他共有人在同等条件下享有优先购买的权利
      - （2）对外效力
        - 涉及共有人与共有人之外的第三人之间的权利义务关系
        - 因共有的不动产或者动产产生的债权债务，在对外关系上，共有人享有连带债权、承担连带债务，但是法律另有规定或者第三人知道共有人不具有连带债权债务关系的除外
  - 共同共有
    - 是指共有人平等和不分份额地享有共有权的共有形态
    - 1.共同共有的意义
      - （1）共同共有以共同关系为前提
        - 共同关系，指基于共同目的而形成的关系
        - 共同共有因共同关系而发生，因其存续而存续，因其消灭而消灭
      - （2）共同共有是按份共有之外的另一种共有形态
        - 共同共有存续期间，共有人没有共有份额
        - 只有在共有关系终止或者有重大理由需要分割，分割共有物时，才能确定各共有人应得的份额
      - （3）共同共有的共有人在共有期间平等地享有权利和承担义务
        - 平等系指共有关系存续中共有人的权利义务平等，而非指分割时亦须一律平等
    - 2.共同共有的类型
      - 夫妻共有财产
      - 家庭共有财产
      - 共同继承的财产
    - 3.共同共有的效力
      - （1）对内效力
        - 共同共有人的权利，及于共有物全部。对于共有物的使用有与管理，除法律另有规定或合同另有约定外，应经全体共人同意
        - 各共有人仅在共有的基础丧失或者有重大理由需要分割时可以请求分割，各共有人亦无转让权，但共有人另有约定的除外
      - （2）对外效力
        - 只有依全体共有人的共同意思，对共有物的处分行为才能发生对外效力
        - 因共有的不动产或者动产产生的债权债务，共同共有人享有连带债权，承担连带债务，但法律另有规定或者第三人知道共有人不具有连带债权债务关系的除外
  - 建筑物区分所有权
    - 是指由区分所有建筑物的专有部分所有权（专有权）、共有部分共有权（共有权）以及因区分所有建筑物共同关系所生的成员权（共同管理权）共同构成的特别所有权
    - 共有权是指业主依照法律或管理规约的规定或业主大会的决定，对区分所有建筑物内的住房或经营性用房等专有部分之外的共用部分所享有的占有、使用和收益的权利
    - 共用部分在法律上为附随于专有部分而存在的附属物或从物，具有从属性
- 相邻关系
  - 避免邻地地基动摇或其他危险的相邻关系
  - 相邻用水与排水关系
  - 相邻必要通行关系
  - 相邻管线铺设关系
  - 因建造建筑物利用邻地的关系
  - 不得影响相邻方通风、采光、日照的关系
  - 固体污染物、不可量物不得侵入的相邻关系等

用益物权

## 用益物权的概念与特征

**概念**
- 是指对他人所有之物享有以占有、使用、收益为内容的限制物权
- 主要包括土地承包经营权、建设用地使用权、宅基地使用权、居住权和地役权
- 作用是保障用益物权人对他人之物进行合乎约定的使用和收益

**特征**
- 1.用益物权以对物的使用、收益为其主要内容，并以对物的占有为前提
- 2.用益物权是他物权、限制物权、有期限物权
- 3.用益物权是不动产物权，其标的物只限于不动产，或土地或房屋

## 土地承包经营权

**土地承包经营权概述**

1.概念
- 是指以种植、养殖、畜牧等农业目的，对集体经济组织所有或国家所有由农民集体使用的农用土地依法享有的占有、使用、收益的权利

2.特征
- （1）土地承包经营权的主体只能是农业经营者
- （2）土地承包经营权的客体是耕地、林地、山岭、草原、荒地、滩涂、水面等不动产
- （3）土地承包经营权的内容是权利人在他人土地上为农业性质的耕作、养殖、畜牧等用益
- （4）土地承包经营权的存续有具体期限。耕地的承包期为30年；草地的承包期为30年至50年；林地的承包期为30年至70年。承包期限届满，土地承包经营权人可以依照农村土地承包的法律规定继续承包

**土地承包经营权的取得**

1.根据土地承包经营权合同设定而取得
- 土地承包经营权自土地承包经营权合同生效时设立
- 登记机构应当向土地承包经营权人发放土地承包经营权证、林权证等证书，并登记造册，确认土地承包经营权

2.通过土地承包经营权的互换、转让而取得
- 土地承包经营权人依照法律规定，有权将土地承包经营权互换、转让
- 互换、转让的对象只能是本集体经济组织成员
- 互换需进行备案，转让需要得到发包方的同意

3.通过招标、拍卖、公开协商等方式而取得
- 通过招标、拍卖、公开协商等方式承包农村土地，经依法登记取得权属证书的，可以依法采取出租、入股、抵押或者其他方式流转土地经营权
- 客体主要限于"四荒"土地，即荒山、荒沟、荒丘、荒滩
- 承包人不限于本集体经济组织成员，集体经济组织以外的自然人、法人或其他组织均可取得此类土地的承包经营权

**土地经营权的流转**

1.概念
- 是指在不改变土地所有权性质（国有或集体所有）和土地农业用途的前提下，原承包方依法将经营权或从经营权中分离出来的部分权利移转给他人的法律行为

2.流转的原则要求
- （1）土地经营权的流转应遵循平等自愿原则
- （2）土地经营权的流转，不得改变土地所有权性质和农业用途
- （3）土地经营权流转的期限不得超过承包期的剩余期限
- （4）流转受让方须有农业经营能力，但不限于本集体经济组织成员

3.流转的具体规定
- 土地承包经营权人可以自主决定依法采取出租、入股或者其他方式向他人流转土地经营权
- 流转期限为5年以上的土地经营权，自流转合同生效时设立
- 当事人可以向登记机构申请土地经营权登记；未经登记，不得对抗善意第三人

建设用地使用权概述
- 1.概念：是指以在他人土地上拥有建筑物、构筑物及其附属设施为目的，而使用其土地的权利
- 2.特征
  - （1）建设用地使用权是存在于国家或集体所有土地之上的权利
  - （2）建设用地使用权以建造以及保存建筑物或其他工作物为目的
  - （3）建设用地使用权是有期限的权利
    - 居住用地为70年
    - 工业用地和教育、科技、文化、卫生、体育用地为50年
    - 商业、旅游、娱乐用地为40年
    - 综合或者其他用地为50年

建设用地使用权 / 用益物权

建设用地使用权的取得
- 1.通过划拨方式取得建设用地使用权
  - （1）公益性
  - （2）无偿性
  - （3）取得的土地使用权的转让受到限制，只有依法办理相关手续并缴足土地出让金后，才可转让
  - （4）无期限性
  - （5）行政性
- 2.通过出让方式取得建设用地使用权
  - 是指国家以土地所有人的身份，以出让合同方式，将建设用地使用权在一定年限内让与土地使用者，向土地使用者依法收取土地使用权出让金的法律行为
  - 出让的具体形式包括协议、招标、拍卖
  - 土地使用权出让，依法须订立书面出让合同，应向登记机构申请建设用地使用权登记
- 3.建设用地使用权移转
  - 是指建设用地使用权人在其权利有效年限范围内，将其受让的建设用地使用权依法移转给第三人的法律行为，移转方式包括转让、互换、赠与等
  - 须订立书面合同，并办理过户的登记。登记是建设用地使用权移转的生效条件

建设用地使用权的效力
- 1.建设用地使用权人的权利
  - （1）占有使用土地
  - （2）权利处分
    - ①转让："房随地、地随房"的规则
    - ②抵押
    - ③出租
    - ④互换、赠与、出资
  - （3）附属行为
  - （4）取得地上建筑物、构筑物及其附属设施的补偿
- 2.建设用地使用权人义务
  - （1）支付土地使用费
  - （2）合理使用土地
  - （3）归还土地、恢复土地的原状

宅基地使用权
- 是指农村村民依法享有的，在集体所有土地上建造、保有房屋及附属设施的权利
- 农村宅基地使用权是无偿取得的、永久性的权利，目的是供农村村民建设住宅及其他附属设施
- 宅基地使用权原则上禁止流转，即不得买卖、赠与、投资入股、抵押等。但可以继承以及随宅基地上的房屋所有权的转让而流转

居住权
- 是指按照合同约定，为了满足生活居住的需要，对他人所有的住宅得以占有、使用并排除房屋所有权人干涉的用益物权
- 居住权不得转让、继承
- 居住权期限届满或者居住权人死亡的，居住权消灭。居住权消灭的，应当及时办理注销登记

地役权
- 是指为实现自己土地的利益而使用他人土地的权利
- 设立地役权，当事人应当采用书面形式订立地役权合同。地役权自地役权合同生效时设立。当事人要求登记的，可以向登记机构申请地役权登记；未经登记，不得对抗善意第三人

担保物权的含义 —— 是指以确保债务清偿为目的，在债务人或第三人所有之物或权利上所设定的，以取得担保作用之限制物权

担保的方式
- 保证
- 抵押
- 质押
- 留置
- 定金

担保物权的特性

1.从属性
- 担保物权需从属于被担保的债权而存在，其成立以债权成立为前提，并因债权移转而移转，因债权消灭而消灭
- 担保物权具有从属性，具有法律强制性色彩，不允许当事人任意约定更改

2.不可分性
- 被担保的债权在未受全部清偿前，担保物权人可就担保物的全部行使其权利，称为担保物权的不可分性
- 可强化担保物权的担保功能
  - （1）被担保的债权即使被分割、部分清偿或消灭，担保物权仍为担保各部分的债权或余存的债权而存在
  - （2）担保标的物即使被分割或部分灭失，分割后各部分或余存的部分担保物，仍为担保全部债权而存在

3.物上代位性 —— 担保物毁损、灭失或者被征收等，其交换价值转化为其他形态的物时，担保物权的效力及于该物，此即担保物权的物上代位性

4.补充性
- 担保物权一经成立，即补充了主债权债务人之间债的关系的效力，增强了债权人的债权得以实现的可能
- 只有在债务人不履行到期债务或者发生当事人约定的实现担保物权的情形，担保物权补充性的担保功能才会发动，保障债权的实现

担保合同的无效

1.机关法人提供担保的，担保合同无效，但是经国务院批准为使用外国政府或者国际经济组织贷款进行转贷的除外

2.居民委员会、村民委员会提供担保的，担保合同无效，但是依法代行村集体经济组织职能的村民委员会，依照《村民委员会组织法》规定的讨论决定程序对外提供担保的除外

3.以公益为目的的非营利性学校、幼儿园、医疗机构、养老机构等提供担保的，担保合同无效，但是有下列情形之一的除外
- （1）在购入或者以融资租赁方式承租教育设施、医疗卫生设施、养老服务设施和其他公益设施时，出卖人、出租人为担保价款或者租金实现而在该公益设施上保留所有权
- （2）以教育设施、医疗卫生设施、养老服务设施和其他公益设施以外的不动产、动产或者财产权利设立担保物权

担保合同无效的法律责任 —— 债务人、担保人、债权人有过错的，应当根据其过错各自承担相应的民事责任

抵押权

抵押权概述 —— 指为担保债务的履行，债务人或者第三人不转移财产的占有，将该财产作为债权的担保，债务人不履行到期债务或者发生当事人约定的实现抵押权的情形，债权人有权就该财产优先受偿的权利

抵押合同
- 设立抵押权，当事人应当采取书面形式订立抵押合同
- 抵押合同对被担保的主债权种类、抵押财产没有约定或者约定不明，根据主合同和抵押合同不能补正或者无法推定的，抵押不成立
- 抵押权人在债务履行期届满前，与抵押人约定债务人不履行到期债务时抵押财产归债权人所有的，该条款无效，该条款的无效不影响抵押合同其他部分内容的效力

担保物权概述

担保物权

抵押权

担保物权 —— 抵押权

抵押权
├─ 抵押财产
│　├─ 1.可以设立抵押权的财产
│　│　（1）建筑物和其他土地附着物
│　│　（2）建设用地使用权
│　│　（3）海域使用权
│　│　（4）生产设备、原材料、半成品、产品
│　│　（5）正在建造的建筑物、船舶、航空器
│　│　（6）交通运输工具
│　│　（7）法律、行政法规未禁止抵押的其他财产
│　│
│　├─ 2.不得设立抵押权的财产
│　│　（1）土地所有权
│　│　（2）宅基地、自留地、自留山等集体所有的土地使用权，但法律规定可以抵押的除外
│　│　（3）学校、幼儿园、医疗机构等为公益目的成立的非营利法人的教育设施、医疗卫生设施和其他公益设施
│　│　（4）所有权、使用权不明或者有争议的财产
│　│　（5）依法被查封、扣押、监管的财产
│　│　（6）法律、行政法规规定不得抵押的其他财产
│　│
│　└─ 3.关于抵押财产的其他规定
│　　　（1）以建筑物抵押的，该建筑物占用范围内的建设用地使用权一并抵押。以建设用地使用权抵押的，该土地上的建筑物一并抵押。抵押人未将前述财产一并抵押的，未抵押的财产视为一并抵押。抵押人将建设用地使用权、土地上的建筑物或者正在建造的建筑物分别抵押给不同债权人的，人民法院应当根据抵押登记的时间先后确定清偿顺序
│　　　（2）以违法的建筑物抵押的，抵押合同无效，但是一审法庭辩论终结前已经办理合法手续的除外
│　　　（3）抵押人以划拨建设用地上的建筑物抵押，当事人以该建设用地使用权不能抵押或者未办理批准手续为由主张抵押合同无效或者不生效的，人民法院不予支持。当事人以划拨方式取得的建设用地使用权抵押，抵押人以未办理批准手续为由主张抵押合同无效或者不生效的，人民法院不予支持
│　　　（4）乡镇、村企业的建设用地使用权不得单独抵押。以乡镇、村企业的厂房等建筑物抵押的，其占用范围内的建设用地使用权一并抵押
│　　　（5）以集体所有土地的使用权依法抵押的，实现抵押权后，未经法定程序，不得改变土地所有权的性质和土地用途
│
└─ 抵押登记
　　├─ 1.以登记为生效要件的抵押
　　│　以建筑物和其他土地附着物、建设用地使用权、海域使用权、正在建造的建筑物设定抵押的，应当办理抵押登记，抵押权自登记时起设立
　　│　抵押登记记载的内容与抵押合同约定的内容不一致的，以登记记载的内容为准
　　│
　　└─ 2.以登记为对抗要件的抵押
　　　　当事人以生产设备、原材料、半成品、产品、交通运输工具和正在建造的船舶、航空器抵押或其他动产设定抵押，抵押权自抵押合同生效时设立
　　　　抵押权未经登记，不得对抗善意第三人

| | | | | 1.抵押权担保的范围 | 包括主债权及利息、违约金、损害赔偿金和实现抵押权的费用 |
|---|---|---|---|---|---|

担保物权 — 抵押权 — 抵押权的效力

2.抵押权效力所及的标的物的范围（指抵押权人行使抵押权时有权依法予以变价的抵押财产的范围）

（1）抵押物所生孳息
- 债务人不履行到期债务或者发生当事人约定的实现抵押权的情形，致使抵押财产被人民法院依法扣押的，自扣押之日起抵押权人有权收取该抵押财产的天然孳息或者法定孳息，但抵押权人未通知应当清偿法定孳息的义务人的除外
- 孳息的清偿顺序为：①充抵收取孳息的费用；②主债权的利息；③主债权

（2）从物
- 从物产生于抵押权依法设立前，抵押权人主张抵押权的效力及于从物的，人民法院应予支持，但是当事人另有约定的除外
- 从物产生于抵押权依法设立后，抵押权人主张抵押权的效力及于从物的，人民法院不予支持，但是在抵押权实现时可以一并处分

（3）添附物
- ①抵押权依法设立后，抵押财产被添附，添附物归第三人所有的，抵押权效力及于抵押人应获得的补偿金
- ②抵押权依法设立后，抵押财产被添附，抵押人对添附物享有所有权的，抵押权的效力及于添附物，但是添附导致抵押财产价值增加的，抵押权的效力不及于增加的价值部分
- ③抵押权依法设立后，抵押人与第三人因添附成为添附物的共有人，抵押权的效力及于抵押人对共有物享有的份额

（4）代位物
- 抵押权依法设立后，抵押财产毁损、灭失或者被征收等，抵押权人可以请求按照原抵押权的顺位就保险金、赔偿金或者补偿金等优先受偿

（5）抵押权设立后新增的建筑物
- 建设用地使用权抵押后，该土地上新增的建筑物不属于抵押财产。该建设用地使用权实现抵押权时，应当将该土地上新增的建筑物与建设用地使用权一并处分，但新增建筑物所得的价款，抵押权人无权优先受偿

3.抵押人的权利

（1）抵押物出租的权利
- 抵押权设立前，抵押财产已经出租并转移占有的，原租赁关系不受该抵押权的影响
- 抵押权设立后，抵押人出租抵押物，租赁权不得对抗已登记的抵押权

（2）抵押物转让的权利
- 抵押期间，抵押人可以转让抵押财产。当事人另有约定的，按照其约定。抵押财产转让的，抵押权不受影响

4.抵押权人的权利

（1）抵押权的顺位权
- ①抵押权顺位的概念。是指数个抵押权并存于同一抵押物之上时，各抵押权之间存在的效力优先劣后的顺序关系
- ②抵押权顺位的确定标准。以登记为首要标准，先登记的抵押权顺位在先，有登记的抵押权优先于未登记的抵押权

担保物权 — 抵押权 — 抵押权的效力

**4.抵押权人的权利**

**（1）抵押权的顺位权**

③抵押权顺位的放弃。债务人以自己的财产设定抵押，抵押权人放弃该抵押权、抵押权顺位或者变更抵押权的，其他担保人在抵押权人丧失优先受偿权益的范围内免除担保责任，但是其他担保人承诺仍然提供担保的除外

④抵押权顺位的变更。抵押权人与抵押人可以协议变更抵押权顺位以及被担保的债权数额等内容。但是，抵押权的变更未经其他抵押权人书面同意的，不得对其他抵押权人产生不利影响

**（2）抵押权的处分**

①抵押权的转让。因抵押权具有从属性，抵押权不得与所担保的债权分离而单独转让。债权转让的，担保该债权的抵押权一并转让，但法律另有规定或者当事人另有约定的除外

②将抵押权作为担保。抵押权人可以将其抵押权与其所担保的债权一并为他人债权设立担保，成立附抵押权的债权质权

③抵押权的抛弃。是指抵押权人放弃可以获得优先受偿的担保利益

**（3）抵押权的保全**

若抵押人按照通常方法使用抵押财产，导致抵押财产价值减少，属于抵押财产正常使用中的合理损耗，抵押权人对此须容忍

抵押财产价值减少的，抵押权人有权请求恢复抵押财产的价值，或者提供与减少的价值相应的担保。抵押人不恢复抵押财产的价值也不提供担保的，抵押权人有权请求债务人提前清偿债务

在抵押物灭失、毁损或者被征用的情况下，抵押权人可以就该抵押物的保险金、赔偿金或者补偿金优先受偿。抵押权所担保的债权未届清偿期的，抵押权人可以请求人民法院对保险金、赔偿金或补偿金等采取保全措施

**5.动产抵押权的特别效力规定**

**（1）动产抵押权的登记对抗** — 动产抵押权未经登记，不得对抗善意第三人

①抵押人转让抵押财产，受让人占有抵押财产后，抵押权人向受让人请求行使抵押权的，人民法院不予支持，但是抵押权人能够举证证明受让人知道或者应当知道已经订立抵押合同的除外

②抵押人将抵押财产出租给他人并转移占有，抵押权人行使抵押权的，租赁关系不受影响，但是抵押权人能够举证证明承租人知道或者应当知道已经订立抵押合同的除外

③抵押人的其他债权人向人民法院申请保全或者执行抵押财产，人民法院已经作出财产保全裁定或者采取执行措施，抵押权人主张对抵押财产优先受偿的，人民法院不予支持

④抵押人破产，抵押权人主张对抵押财产优先受偿的，人民法院不予支持

**（2）动产抵押的"正常买受人"规则** — 动产抵押即使登记，亦不得对抗正常经营活动中已经支付合理价款并取得抵押财产的买受人，即无论动产抵押权是否登记，均不得对抗此类买受人

动产抵押担保的主债权是抵押物的价款，标的物交付后10日内办理抵押登记的，该抵押权人优先于抵押物买受人的其他担保物权人受偿，但是留置权人除外。常见于对如下两种价款债权提供特别担保的抵押权

①融资机构提供贷款专用于购置标的物形成的债权

②出卖人允许买受人赊购标的物形成的债权

（3）价款债权抵押权的超级优先效力

价款债权抵押权的设立条件

①被担保的债权是购置物的价款债权

②购置物已交付给买受人

③自购置物交付之日起10日内办理抵押登记

5.动产抵押权的特别效力规定

（4）动产抵押、质押并存时的效力顺序

同一财产既设立抵押权又设立质权的，拍卖、变卖该财产所得的价款按照登记、交付的时间先后确定清偿顺序

抵押权的效力

担保物权

抵押权

1.抵押权实现的条件、方式和程序

债务人不履行到期债务或者发生当事人约定的实现抵押权的情形，抵押权人可以与抵押人协议以抵押财产折价或者以拍卖、变卖该抵押财产所得的价款优先受偿

抵押权人与抵押人未就抵押权实现方式达成协议的，抵押权人可以请求人民法院拍卖、变卖抵押财产

债权人以诉讼方式行使担保物权的，应当以债务人和担保人作为共同被告

抵押权的实现

2.抵押权的行使期间

抵押权人应当在主债权诉讼时效期间行使抵押权；未行使的，人民法院不予保护

3.抵押物变价款的分配

抵押物折价或者拍卖、变卖所得的价款，当事人没有约定的，按下列顺序清偿：（1）实现抵押权的费用；（2）主债权的利息；（3）主债权

抵押财产折价或者拍卖、变卖后，其价款超过债权数额的部分归抵押人所有，不足部分由债务人清偿

特殊抵押权

1.最高额抵押权

（1）最高额抵押权的概念

是指为担保债务的履行，债务人或者第三人对一定期间内将要连续发生的债权提供担保财产，债务人不履行到期债务或者发生当事人约定的实现抵押权的情形，抵押权人有权在最高债权额限度内就该担保财产优先受偿的特殊抵押权

（2）最高额抵押权的转让及变更

最高额抵押担保的债权确定前，部分债权转让的，最高额抵押权不得转让，但当事人另有约定的除外

最高额抵押担保的债权确定前，抵押权人与抵押人可以通过协议变更债权确定的期间、债权范围以及最高债权额，但变更的内容不得对其他抵押权人产生不利影响

（3）最高额抵押权所担保的债权确定

①约定的债权确定期间届满

②没有约定债权确定期间或者约定不明确，抵押权人或者抵押人自最高额抵押权设立之日起满2年后请求确定债权

③新的债权不可能发生

④抵押权人知道或者应当知道抵押财产被查封、扣押

⑤债务人、抵押人被宣告破产或者被解散

⑥法律规定债权确定的其他情形

担保物权

抵押权 — 特殊抵押权

**1.最高额抵押权**

（4）最高额抵押权的行使

最高额抵押权所担保的不特定债权，债权在特定后且已届清偿期的，最高额抵押人可以根据普通抵押权的规定行使其抵押权

抵押权人实现最高额抵押权时，如果实际发生的债权余额高于最高限额的，以最高限额为限，超过部分不具有优先受偿的效力；如果实际发生的债权余额低于最高限额的，以实际发生的债权余额为限对抵押物优先受偿

**2.浮动抵押权**

（1）浮动抵押权的概念

企业、个体工商户、农业生产经营者可以将现有的以及将有的生产设备、原材料、半成品、产品抵押，债务人不履行到期债务或者发生当事人约定的实现抵押权的情形，债权人有权就抵押财产确定时的动产优先受偿。债权人在此享有的抵押权称为浮动抵押权

（2）浮动抵押权的效力

①浮动抵押权的登记对抗效力。设立浮动抵押权，抵押权人应当在中国人民银行征信中心动产融资统一登记公示系统办理登记。抵押权自抵押合同生效时设立；未经登记，不得对抗善意第三人

②浮动抵押权不得对抗"正常买受人"

（3）浮动抵押财产的确定

①债务履行期限届满，债权未实现

②抵押人被宣告破产或者解散

③当事人约定的实现抵押权的情形

④严重影响债权实现的其他情形

质权 — 动产质权

**1.动产质权的概念**

是指为担保债务的履行，债务人或者第三人将其动产出质给债权人占有，债务人不履行到期债务或者发生当事人约定的实现质权的情形，债权人有权就该动产优先受偿的担保物权

**2.质押合同**

为设立质权，当事人应当采取书面形式订立质押合同

质权人在债务履行期届满前，不得与出质人约定债务人不履行到期债务时质押财产归债权人所有的，流质条款无效，但不影响质押合同其他部分内容的效力及质权的设立，质权人只能依法就质押财产优先受偿

**3.动产质权的生效**

质押合同自成立时生效，但质权自出质人交付质押财产时设立，即动产质权的设立以质物的交付为生效要件

**4.质权人对质物的权利和责任**

（1）质权人对质物的权利

①质权人有权收取质押财产的孳息，但合同另有约定的除外。上述孳息应当先充抵收取孳息的费用

②因不能归责于质权人的事由可能使质押财产毁损或者价值明显减少，足以危害质权人权利的，质权人有权要求出质人提供相应的担保；出质人不提供的，质权人可以拍卖、变卖质押财产，并与出质人通过协议将拍卖、变卖所得的价款提前清偿债务或者提存

（2）质权人对质物的责任

①质权人在质权存续期间，未经出质人同意，擅自使用、处分质押财产，给出质人造成损害的，应当承担赔偿责任

②质权人负有妥善保管质押财产的义务；因保管不善致使质押财产毁损、灭失的，应当承担赔偿责任

③质权人在质权存续期间，未经出质人同意转质，造成质押财产毁损、灭失的，应当向出质人承担赔偿责任

担保物权
├─ 质权
│   ├─ 动产质权 ── 5.质权的实现
│   │   ├─ 债务人履行债务或者出质人提前清偿所担保的债权的，质权人应当返还质押财产
│   │   └─ 债务人不履行到期债务或者发生当事人约定的实现质权的情形，质权人可以与出质人协议以质押财产折价，也可以就拍卖、变卖质押财产所得的价款优先受偿
│   └─ 权利质权
│       ├─ 1.权利质权的概念
│       │   ├─（1）汇票、支票、本票
│       │   ├─（2）债券、存款单
│       │   ├─（3）仓单、提单
│       │   ├─（4）可以转让的基金份额、股权
│       │   ├─（5）可以转让的注册商标专用权、专利权、著作权等知识产权中的财产权
│       │   ├─（6）现有的以及将有的应收账款
│       │   └─（7）法律、行政法规规定可以出质的其他财产权利
│       └─ 2.以不同种类权利出质的法律规定
│           ├─（1）以汇票、本票、支票、债券、存款单、仓单、提单出质的，质权自权利凭证交付质权人时设立；没有权利凭证的，质权自办理出质登记时设立
│           ├─（2）以基金份额、股权出质的，质权自办理出质登记时设立
│           ├─（3）以注册商标专用权、专利权、著作权等知识产权中的财产权出质的，质权自办理出质登记时设立
│           └─（4）以应收账款出质的，质权自办理出质登记时设立
└─ 留置权
    ├─ 留置权的概念
    │   ├─ 是指债务人不履行到期债务，债权人可以留置已经合法占有的债务人的动产，并有权就该动产优先受偿的担保权利
    │   └─ 留置权担保的范围包括主债权及利息、违约金、损害赔偿金、留置物保管费用和实现留置权的费用
    ├─ 留置权的成立要件
    │   ├─（1）债权人占有债务人的动产
    │   ├─（2）占有的动产应与债权属于同一法律关系，但企业之间留置的除外
    │   └─（3）债权已届清偿期且债务人未按规定的期限履行义务
    ├─ 留置权的实现
    │   ├─ 留置权人负有妥善保管留置财产的义务；因保管不善致使留置财产毁损、灭失的，应当承担赔偿责任。留置权人有权收取留置财产的孳息。孳息应当先充抵收取孳息的费用
    │   ├─ 留置权人与债务人应当约定留置财产后的债务履行期间；没有约定或者约定不明确的，留置权人应当给债务人60日以上履行债务的期间，但鲜活易腐等不易保管的动产除外。债务人逾期未履行的，留置权人可以与债务人协议以留置财产折价，也可以就拍卖、变卖留置财产所得的价款优先受偿。留置财产折价或者变卖的，应当参照市场价格
    │   ├─ 债务人可以请求留置权人在债务履行期届满后行使留置权；留置权人不行使的，债务人可以请求人民法院拍卖、变卖留置财产。留置财产折价或者拍卖、变卖后，其价款超过债权数额的部分归债务人所有，不足部分由债务人清偿
    │   ├─ 留置权人在债权未受全部清偿前，留置物为不可分物的，留置权人可以就其留置物的全部行使留置权。留置的财产为可分物的，留置物的价值应当相当于债务的金额
    │   └─ 同一动产上已设立抵押权或者质权，该动产又被留置的，留置权人优先受偿
    └─ 留置权的消灭
        ├─（1）留置权人对留置财产丧失占有
        ├─（2）留置物灭失、毁损而无代位物
        ├─（3）与留置物有同一法律关系的债权消灭
        ├─（4）债务人另行提供价值相当的担保并被债权人接受
        └─（5）实现留置权

| | | 占有的意义 | 是指人对于物进行实际控制的事实 |
|---|---|---|---|
| | | | 占有人　对物实施实际控制的人 |
| | | | 占有物　被控制之物，包括不动产和动产 |

| | | 有权占有与无权占有 | 有权占有，是指基于法律依据而为的占有 |
|---|---|---|---|
| | | | 无权占有，是指欠缺法律依据的占有 |

占有

占有的分类

善意占有与恶意占有

善意占有，是指占有人误信其有占有的法律依据且无怀疑的占有

恶意占有，是指占有人对物知其无占有的法律依据，或对于是否有权占有虽有怀疑而仍为占有

区分善意占有与恶意占有的意义

（1）动产的善意取得，以善意受让占有为要件

（2）不动产或者动产被占有人占有的，权利人可以请求返还原物及其孳息；但是，应当支付善意占有人因维护该不动产或者动产支出的必要费用

（3）占有物因被使用遭受损害的，善意占有人无须承担赔偿责任，而恶意占有人应当承担赔偿责任

（4）占有的不动产或者动产毁损、灭失，该不动产或者动产的权利人请求赔偿的，占有人应当将因毁损、灭失取得的保险金、赔偿金或者补偿金等返还给权利人；权利人的损害未得到足够弥补的，恶意占有人还应当赔偿损失

自主占有与他主占有

自主占有，是指以所有的意思对物为占有，如买卖中对动产标的物的移转占有

他主占有，是指不以所有的意思而为占有，如承租人、借用人、保管人、质权人等对标的物的占有

直接占有与间接占有

直接占有，是指占有人事实上占有其物，即直接对物有事实上的控制

间接占有，是指自己不直接占有其物，基于一定法律关系而对事实上占有其物之人有返还请求权，因而对其物有间接控制力，如出质人、出租人等基于一定法律关系对物的占有

占有的保护

占有保护请求权

占有物返还请求权

占有妨害排除请求权

占有妨害防止请求权

占有损害赔偿请求权

占有人返还原物的请求权，自侵占发生之日起1年内未行使的，该请求权消灭

# 第五章　合同法律制度

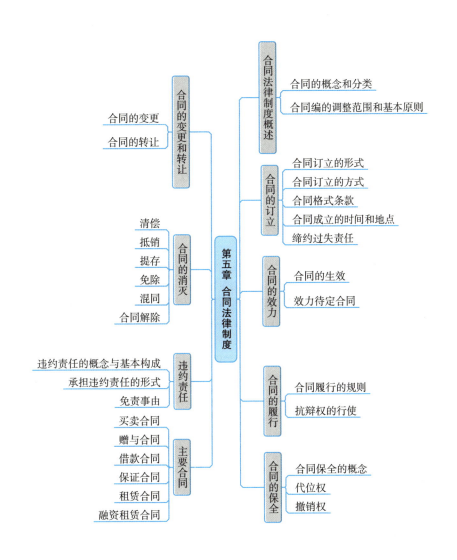

合同的概念　合同是指民事主体之间设立、变更、终止民事法律关系的协议

**合同法律制度概述**

**合同的概念和分类**

合同的分类

1.有名合同与无名合同
- 以法律是否赋予其名称并作出明确规定为标准，合同分为有名合同与无名合同
- 有名合同，又称典型合同，是指法律对其设有详细规范，并赋予一定名称的合同
- 无名合同，又称非典型合同，是指法律对其未作特别规定，也未赋予一定名称的合同

2.诺成合同与实践合同
- 按照除双方意思表示一致外，是否尚需交付标的物才能成立为标准，合同分为诺成合同与实践合同
- 诺成合同是指当事人的意思表示一致即成立的合同，如买卖合同、租赁合同
- 实践合同，又称要物合同，是指除当事人的意思表示一致以外，尚须交付标的物或者完成其他给付才能成立的合同，如自然人之间的借贷合同、定金合同

3.要式合同与不要式合同
- 按照法律、法规或者当事人约定是否要求合同具备特定形式和手续为标准，合同分为要式合同与不要式合同
- 要式合同是指法律或者当事人要求必须具备一定形式和手续的合同
- 不要式合同，即法律或者当事人不要求必须具备一定形式和手续的合同

4.双务合同与单务合同
- 按照双方是否互负给付义务为标准，合同分为双务合同与单务合同
- 双务合同是双方当事人互负给付义务的合同，如买卖合同、租赁合同、融资租赁合同、承揽合同等
- 单务合同是只有一方当事人负给付义务的合同，如赠与合同、无偿保管合同等

5.主合同与从合同
- 以合同相互间的主从关系为标准，合同分为主合同与从合同
- 凡不以另一合同的存在为前提即能独立存在的合同为主合同
- 必须以另一合同的存在为前提，自身不能独立存在的合同为从合同

6.预约合同与本约合同
- 根据合同的订立是否以订立另一合同为内容，可以将合同分为预约合同与本约合同
- 预约合同是约定将来订立相关联的另一合同的合同
- 本约合同是履行预约合同而订立的合同

**合同编的调整范围和基本原则**

合同编的调整范围
- 《民法典》合同编主要调整作为平等主体的自然人、法人、非法人组织之间的经济合同关系，如买卖、租赁、借贷、赠与、融资租赁等合同关系
- 婚姻、收养、监护等有关身份关系的协议，适用有关该身份关系的法律规定；没有规定的，可以根据其性质参照适用合同编的规定
- 我国境内的企业、个体经济组织、民办非企业单位等组织（以下称用人单位）与劳动者之间，国家机关、事业单位、社会团体和与其建立劳动关系的劳动者之间，依法订立、履行、变更、解除或者终止劳动合同的，适用《劳动合同法》

合同编的基本原则
- 平等原则
- 自愿原则
- 公平原则
- 诚实信用原则
- 不违反法律或公序良俗原则

合同的订立

├─ 合同订立的形式
│　├─ 书面形式　指合同书、信件和数据电文等可以有形地表现所载内容的形式
│　├─ 口头形式　指当事人双方就合同内容面对面或以通信设备交谈达成的协议
│　└─ 其他形式
│　　├─ 推定形式
│　　└─ 默示形式
│
└─ 合同订立的方式
　├─ 要约
　│　├─ 1.要约应具备的条件
　│　│　├─（1）要约须由要约人向特定相对人作出意思表示
　│　│　├─（2）要约的内容必须确定、完整，具有足以使合同成立的必要条款
　│　│　└─（3）要约须表明经受要约人承诺，要约人即受该意思表示约束
　│　├─ 2.要约邀请　要约邀请是希望他人向自己发出要约的表示
　│　├─ 3.要约生效时间
　│　│　├─ 以对话方式作出的要约，自相对人知道其内容时生效
　│　│　└─ 以非对话方式作出的要约，自到达受要约人时生效
　│　├─ 4.要约的效力
　│　│　├─ 要约一经生效，要约人即受到要约的约束，不得随意撤销要约或者对要约加以限制、变更和扩张
　│　│　└─ 受要约人在要约生效时即取得了依其承诺而成立合同的法律地位，所以受要约人可以承诺，也可以不承诺
　│　└─ 5.要约的撤回、撤销与失效
　│　　├─（1）要约撤回　指要约在发出后、生效前，要约人使要约不发生法律效力的意思表示
　│　　├─（2）要约撤销
　│　　│　├─ 指要约人在要约生效后、受要约人承诺前，使要约丧失法律效力的意思表示
　│　　│　└─ 两种不得撤销要约的情形
　│　　│　　├─①要约人以确定承诺期限或者其他形式明示要约不可撤销
　│　　│　　└─②受要约人有理由认为要约是不可撤销的，并已经为履行合同作了合理准备工作
　│　　└─（3）要约失效
　│　　　├─ 指要约丧失法律效力，即要约人与受要约人均不再受其约束，要约人不再承担接受承诺的义务，受要约人也不再享有通过承诺使合同得以成立的权利
　│　　　├─①要约被拒绝
　│　　　├─②要约被依法撤销
　│　　　├─③承诺期限届满，受要约人未作出承诺
　│　　　└─④受要约人对要约的内容作出实质性变更
　└─ 承诺
　　├─ 1.承诺应当具备的条件
　　│　├─（1）承诺必须由受要约人作出
　　│　├─（2）承诺必须向要约人作出
　　│　├─（3）承诺的内容必须与要约的内容一致
　　│　└─（4）承诺必须在承诺期限内作出并到达要约人
　　├─ 2.承诺的方式　承诺应当以通知的方式作出，通知的方式可以是口头的，也可以是书面的
　　└─ 3.承诺的期限　承诺应当在要约确定的期限内到达要约人
　　　├─ 要约以信件或者电报作出的，承诺期限自信件载明的日期或者电报交发之日开始计算。信件未载明日期的，自投寄该信件的邮戳日期开始计算
　　　├─ 要约以电话、传真、电子邮件等快速通信方式作出的，承诺期限自要约到达受要约人时开始计算
　　　└─ 要约没有确定承诺期限的，承诺应当依照下列规定到达：（1）要约以对话方式作出的，应当即时作出承诺；（2）要约以非对话方式作出的，承诺应当在合理期限内到达

合同的订立
├─ 合同订立的方式
│   └─ 承诺
│       └─ 4.承诺的生效
│           ├─ 承诺通知到达要约人时生效。承诺不需要通知的，根据交易习惯或者要约的要求作出承诺的行为时生效
│           ├─ 承诺可以撤回。承诺的撤回是指受要约人阻止承诺发生法律效力的意思表示。撤回承诺的通知应当在承诺通知到达要约人之前或者与承诺通知同时到达要约人
│           └─ 受要约人对要约的内容作出实质性变更的，为新要约。承诺对要约的内容作出非实质性变更的，除要约人及时表示反对或者要约表明承诺不得对要约的内容作出任何变更的以外，该承诺有效，合同的内容以承诺的内容为准
│
├─ 合同格式条款
│   ├─ 格式条款的概念
│   │   └─ 格式条款是当事人为了重复使用而预先拟定，并在订立合同时未与对方协商的条款
│   └─ 对格式条款适用的限制
│       ├─ 1.提供格式条款一方的义务
│       │   └─ 提供格式条款的一方应当遵循公平原则确定当事人之间的权利和义务，并采取合理的方式提请对方注意免除或者限制其责任的条款，按照对方的要求，对该条款予以说明
│       ├─ 2.格式条款无效的情形
│       │   ├─ （1）提供格式条款的一方不合理地免除或者减轻其责任、加重对方责任、限制对方主要权利
│       │   ├─ （2）提供格式条款的一方排除对方主要权利
│       │   ├─ （3）使用格式条款与无民事行为能力人订立的合同；行为人与相对人以虚假的意思表示订立合同；恶意串通，损害他人合法权益的合同；违反法律、行政法规的强制性规定或者违背公序良俗的合同等
│       │   └─ （4）造成对方人身损害的免责格式条款；因故意或重大过失造成对方财产损失的免责格式条款
│       └─ 3.对格式条款的解释
│           └─ 对格式条款的理解发生争议的，应当按照通常理解予以解释。对格式条款有两种以上解释的，应当作出不利于提供格式条款一方的解释；格式条款和非格式条款不一致的，应当采用非格式条款
│
└─ 合同成立的时间和地点
    ├─ 合同成立的时间
    │   ├─ （1）当事人采用合同书形式订立合同的，自双方当事人均签名、盖章或者按指印时合同成立。在签名、盖章或者按指印之前，当事人一方已经履行主要义务并且对方接受的，该合同成立
    │   ├─ （2）当事人采用信件、数据电文等形式订立合同的，可以在合同成立之前要求签订确认书，签订确认书时合同成立
    │   ├─ （3）当事人一方通过互联网等信息网络发布的商品或者服务信息符合要约条件的，对方选择该商品或者服务并提交订单成功时合同成立，但是当事人另有约定的除外
    │   ├─ （4）当事人以直接对话方式订立的合同，承诺人的承诺生效时合同成立；法律、行政法规规定或者当事人约定采用书面形式订立合同，当事人未采用书面形式但一方已经履行主要义务并且对方接受的，该合同成立
    │   └─ （5）当事人签订要式合同的，以法律、法规规定的特殊形式要求完成的时间为合同成立时间
    └─ 合同成立的地点
        ├─ （1）采用数据电文形式订立合同的，收件人的主营业地为合同成立的地点，没有主营业地的，其住所地为合同成立的地点
        ├─ （2）当事人采用合同书、确认书形式订立合同的，双方当事人签名、盖章或者按指印的地点为合同成立的地点。双方当事人签名、盖章或者按指印不在同一地点的，最后签名、盖章或者按指印的地点为合同成立地点
        ├─ （3）合同需要完成特殊的约定或者法定形式才能成立的，以完成合同的约定形式或者法定形式的地点为合同的成立地点
        └─ （4）当事人对合同的成立地点另有约定的，按照其约定。采用书面形式订立合同，合同约定的成立地点与实际签字或者盖章地点不符的，应当认定约定的地点为合同成立地点

合同的订立 — 缔约过失责任

- 缔约过失责任的概念　　是当事人在缔约过程中因违反诚实信用原则应承担的民事责任
- 承担缔约过失责任的情形
  - （1）假借订立合同，恶意进行磋商
  - （2）故意隐瞒与订立合同有关的重要事实或者提供虚假情况
  - （3）有其他违背诚实信用原则的行为
- 承担缔约过失责任的内容
  - 缔约过失责任主要适用于合同不成立、无效、被撤销等情形，赔偿的是信赖利益的损失
  - 信赖利益损失，一般以实际损失为限，包括所受损失与所失利益
    - 所受损失包括为订立合同而支出的缔约费用、交通费、鉴定费、咨询费等
    - 所失利益主要指丧失订约机会的损失，如因缔约过失而导致与第三人另订合同机会丧失的损失
    - 信赖利益的赔偿不得超过合同有效时相对人所可能得到的履行利益

合同的效力

- 合同的生效
  - （1）依法成立的合同，原则上自成立时生效
  - （2）法律、行政法规规定应当办理批准、登记等手续生效的，自批准、登记时生效
  - （3）当事人对合同的效力可以附条件或者附期限
- 效力待定合同
  - （1）限制民事行为能力人超出自己的行为能力范围与他人订立的合同
  - （2）因无权代理订立的合同

合同的履行

- 合同履行的一般要求　　合同履行是债务人按照合同约定全面、正确地履行合同义务，从而使债权人之债权得以实现的行为
- 合同履行的规则
  - 当事人就有关合同内容约定不明确时的履行规则
    - （1）质量要求不明确的，按照强制性国家标准履行；没有强制国家标准的，按照推荐性国家标准履行；没有推荐性国家标准的，按照行业标准履行；没有国家标准、行业标准的，按照通常标准或者符合合同目的的特定标准履行
    - （2）价款或者报酬不明确的，按照订立合同时履行地的市场价格履行；依法应当执行政府定价或者政府指导价的，依照规定履行
    - （3）履行地点不明确，给付货币的，在接受货币一方所在地履行；交付不动产的，在不动产所在地履行；其他标的，在履行义务一方所在地履行
    - （4）履行期限不明确的，债务人可以随时履行，债权人也可以随时请求履行，但是应当给对方必要的准备时间
    - （5）履行方式不明确的，按照有利于实现合同目的的方式履行
    - （6）履行费用的负担不明确的，由履行义务一方负担；因债权人原因增加的履行费用，由债权人负担
  - 涉及第三人的合同履行
    - 1. 向第三人履行的合同
      - （1）法律规定或者当事人约定第三人可以直接请求债务人向其履行债务，第三人表示接受该权利或者未在合理期限内明确拒绝，债务人未向第三人履行债务或者履行债务不符合约定的，第三人可以请求债务人承担违约责任
      - （2）债务人对于合同债权人可行使的一切抗辩权，对该第三人均可行使
      - （3）因向第三人履行债务增加的费用，除双方当事人另有约定外，由债权人承担
    - 2. 由第三人履行的合同
      - （1）第三人不履行债务或者履行债务不符合约定的，债务人应当向债权人承担违约责任
      - （2）第三人向债权人履行债务所增加的费用，除合同另有约定外，一般由债务人承担

合同的履行 — 抗辩权的行使

同时履行抗辩权
- 1.同时履行抗辩权行使的条件
  - （1）双方因同一双务合同互负债务
  - （2）双方债务已届清偿期
  - （3）行使抗辩权之当事人无先为给付义务
  - （4）须对方当事人未履行或者未适当履行合同债务
- 2.同时履行抗辩权的效力
  - 同时履行抗辩权只是暂时阻止对方当事人请求权的行使，而不是永久地消灭对方当事人的请求权
  - 当对方当事人完全履行了合同义务，同时履行抗辩权即告消灭，主张抗辩权的当事人就应当履行自己的义务
  - 当事人因行使同时履行抗辩权致使合同迟延履行的，迟延履行责任由对方当事人承担

后履行抗辩权
- 1.后履行抗辩权行使的条件
  - （1）当事人基于同一双务合同，互负债务
  - （2）当事人的履行有先后顺序
  - （3）应当先履行的当事人不履行合同或者不适当履行合同
  - （4）后履行抗辩权的行使人是履行义务顺序在后的一方当事人
- 2.后履行抗辩权的效力
  - 后履行抗辩权不是永久性的，它的行使只是暂时阻止了当事人请求权的行使
  - 先履行一方的当事人如果完全履行了合同义务，则后履行抗辩权消灭，后履行当事人就应当按照合同约定履行自己的义务

不安抗辩权
- 1.不安抗辩权行使的条件
  - （1）当事人基于同一双务合同，互负债务
  - （2）当事人的履行有先后顺序
  - （3）不安抗辩权的行使人是履行义务顺序在先的一方当事人
  - （4）后履行合同的一方当事人有丧失或者可能丧失履行债务能力的情形
  - （5）后履行合同的一方当事人未履行或者提供担保
- 2.不安抗辩权适用的情形
  - （1）经营状况严重恶化
  - （2）转移财产、抽逃资金，以逃避债务
  - （3）丧失商业信誉
  - （4）有丧失或者可能丧失履行债务能力的其他情形
- 3.不安抗辩权的效力
  - （1）中止履行，即应当先履行债务的当事人中止先为履行
    - 应当先履行债务的当事人行使中止权时，应当及时通知对方，以免给对方造成损失，也便于对方在接到通知后，提供相应的担保，使合同得以履行
    - 如果对方当事人恢复了履行能力或者提供了相应的担保后，先履行一方当事人"不安"的原因消除，应当恢复合同的履行
  - （2）解除合同
    - 中止履行合同后，如果对方在合理期限内未恢复履行能力并且未提供适当担保的，视为以自己的行为表明不履行主要债务，中止履行合同的一方可以解除合同，并可以请求对方承担违约责任

合同的保全 — 合同保全的概念
- 合同的保全，又称责任财产的保全，是指为了避免债务人责任财产的不当减少，危及债权人债权的实现，法律赋予债权人可以自己的名义对于债务人处分其责任财产的行为予以干涉，以保障债权实现的制度
- 法律特设债权人代位权与撤销权制度，旨在当债务人不当处分其财产时，可依法干预债务人有损债权实现的财产减少行为，以此达到合同的保全
- 债权人对于债务人处分其财产行为的保全干预，已经突破了合同的相对性，其效力将触及与债务人实施财产处分行为的第三人，因此，债权人代位权与债权人撤销权体现了债的对外效力

- **合同的保全**
  - **代位权**
    - 代位权的概念：是指债务人怠于行使其对第三人（次债务人）享有的到期债权或者与该债权相关的从权利，影响债权人到期债权的实现时，债权人为了保障自己的债权，可以以自己的名义代位行使债务人对第三人（次债务人）的权利，但该债权专属于债务人自身的除外
    - 代位权的构成要件
      - （1）债务人对第三人享有合法债权或者与该债权有关的从权利
      - （2）债务人怠于行使其债权
      - （3）债务人怠于行使权利有害于债权人债权的实现
      - （4）债务人的债务已到期
      - （5）债务人的债权不是专属于债务人自身的债权
    - 代位权的行使
      - （1）债权人须以自己的名义通过诉讼形式行使代位权
      - （2）代位权的行使范围以债权人的到期债权为限
      - （3）次债务人对债务人的抗辩，可以向债权人主张
    - 代位权行使的效力
      - （1）债权人向次债务人提起的代位权诉讼，经人民法院审理后认定代位权成立的，由次债务人向债权人履行清偿义务
      - （2）债权人行使代位权的必要费用，由债务人负担
  - **撤销权**
    - 撤销权的概念
      - 是指债务人实施了减少财产或者增加财产负担的行为并危及债权人债权实现时，债权人为了保障自己的债权，请求人民法院撤销债务人行为的权利
      - 目的在于防止债务人责任财产的不当减少，保障债权人的债权得以实现，维护社会交易秩序
    - 撤销权的构成要件
      - （1）债权人对债务人享有有效的债权
      - （2）债务人实施了处分其财产的行为
      - （3）债务人处分其财产的行为有害于债权人债权的实现
      - （4）第三人的主观要件
    - 撤销权的行使
      - （1）债权人行使撤销权应以自己的名义，向被告住所地人民法院提起诉讼
      - （2）撤销权自债权人知道或者应当知道撤销事由之日起1年内行使
      - （3）撤销权的行使范围以债权人的债权为限
    - 撤销权行使的效力
      - （1）债务人与第三人的行为被撤销的，其行为自始无效。第三人应当向债务人返还财产或折价补偿
      - （2）第三人返还或者折价补偿的财产构成债务人全部财产的一部分，债权人对于撤销权行使的结果并无优先受偿的权利
      - （3）债权人行使撤销权所支付的律师费、差旅费等必要费用，由债务人承担

- **合同的变更和转让**
  - **合同的变更**
    - 合同变更的要件
      - （1）当事人之间已存在合同关系
      - （2）合同内容发生了变化
      - （3）合同的变更必须遵守法律的规定或者当事人的约定
    - 合同变更的形式和程序
      - 除法律规定的变更和人民法院依法变更外，合同变更主要是当事人协议变更
      - 合同协议变更适用《民法典》合同编关于要约、承诺的规定，双方经协商取得一致，并采用书面形式
      - 合同变更后，变更后的内容就取代了原合同的内容，当事人就应当按照变更后的内容履行合同，合同各方当事人均应受变更后的合同的约束
  - **合同的转让**
    - 合同权利转让
      - 1.合同权利转让的概念　是指债权人将合同的权利全部或者部分转让给第三人
      - 2.合同权利转让的条件
        - （1）须存在有效的合同权利
        - （2）合同权利具有可转让性
        - （3）当事人之间订立合同权利转让的协议
      - 3.合同权利转让的通知　未经通知，该转让对债务人不发生效力

合同的变更和转让
├─ 合同的转让
│　├─ 合同权利转让
│　│　└─ 4.合同权利转让的效力
│　│　　├─ （1）合同权利全部转让的，原合同关系消灭，受让人取代原债权人的地位，成为新的债权人，原债权人脱离合同关系，所以，债务人应向新的债权人履行债务。合同权利部分转让的，受让人作为第三人加入合同关系中，与原债权人共同享有债权
│　│　　├─ （2）债权人转让主权利时，附属于主权利的从权利也一并转让，受让人在取得债权时，也取得与债权有关的从权利，但该从权利专属于债权人自身的除外。该从权利包括抵押权、定金债权、保证债权等。受让人取得从权利不因该从权利未办理转移登记手续或者未转移占有而受到影响
│　│　　├─ （3）债务人接到债权转让通知后，债务人对让与人的抗辩，可以向受让人主张，如同时履行抗辩权、权利无效的抗辩、权利已过诉讼时效期间的抗辩等
│　│　　└─ （4）因债权转让增加的履行费用，由让与人负担
│　├─ 合同义务移转
│　│　├─ 1.合同义务移转的概念
│　│　│　├─ 广义，包括免责的债务承担与并存的债务承担
│　│　│　└─ 狭义，仅指免责的债务承担
│　│　├─ 2.合同义务移转的条件
│　│　│　├─ （1）须有有效的合同义务存在
│　│　│　├─ （2）合同义务须具有可移转性
│　│　│　├─ （3）须存在合同义务移转的协议
│　│　│　└─ （4）须经债权人同意
│　│　└─ 3.合同义务移转的效力
│　│　　├─ （1）合同义务全部移转的　新债务人成为合同一方当事人，如不履行或者不适当履行合同义务，债权人可以向其请求履行债务或者承担违约责任。合同义务部分移转的，则第三人加入合同关系，与原债务人共同承担合同义务
│　│　　├─ （2）债务人移转义务的　新债务人可以主张原债务人对债权人的抗辩，但原债务人对债权人享有债权的，新债务人不得向债权人主张抵销
│　│　　├─ （3）从属于主债务的从债务　随主债务的移转而移转，但该从债务专属于原债务人自身的除外
│　│　　└─ （4）第三人向债权人提供的担保　若担保人未明确表示继续承担担保责任，则担保责任因债务移转而消灭
│　├─ 合同权利义务的一并转让　合同关系的一方当事人将权利和义务一并转让时，除了应当征得另一方当事人的同意外，还应当遵守有关转让权利和义务的规定
│　└─ 法人或者其他组织合并或者分立后债权债务关系的处理
│　　├─ 当事人订立合同后合并的，由合并后的法人或者其他组织行使合同权利，履行合同义务
│　　└─ 当事人订立合同后分立的，除债权人和债务人另有约定的以外，由分立的法人或者其他组织对合同的权利和义务享有连带债权，承担连带债务

合同的消灭
└─ 清偿
　├─ 清偿的概念
　│　├─ 指债务人按照合同约定的标的、质量、数量、价款或者报酬、履行期限、履行地点和方式全面履行债务，使得债权债务关系消灭的行为
　│　└─ 清偿与给付、履行三者意义相近，只是表述的视角有所不同：清偿侧重于债获得满足而消灭的结果；给付是表述债务人的特定行为；强调满足债权的给付过程，称履行
　├─ 清偿人
　│　├─ 清偿人多为债务人或者债务人之代理人，但法律规定或者当事人约定不得由代理人清偿的除外
　│　└─ 清偿亦可由第三人代为清偿。债务人不履行债务，第三人对履行该债务具有合法利益的，第三人有权向债权人代为履行；但是，根据债务性质、按照当事人约定或者依照法律规定只能由债务人履行的除外
　└─ 清偿标的、清偿地、清偿期、清偿费用
　　├─ 合同没有约定或者约定不明确的，可以协议补充
　　├─ 不能达成补充协议的，按照合同有关条款或者交易习惯确定
　　└─ 仍不能确定的，适用合同履行的相关法定规则

合同的消灭

## 清偿

### 清偿抵充

是指对于同一债权人负担数项给付种类相同的债务，当债务人的给付不足以清偿全部债务时，决定该给付应抵偿哪项债务的办法

债务人在履行主债务外还应当支付利息和实现债权的有关费用，其给付不足以清偿全部债务的，除当事人另有约定外，应当按照下列顺序履行：（1）实现债权的有关费用；（2）利息；（3）主债务

### 清偿的效力

债权债务关系因清偿而消灭，债权的从权利一般随之消灭，但通知、协助、保密、旧物回收等售后合同义务因是法定之债，并不随之消灭

在第三人代为清偿情形，债权人接受第三人履行后，其对债务人的债权转让给第三人，但是债务人和第三人另有约定的除外

## 抵销

### 抵销的意义

具有简化交易程序、降低交易成本以及确保债权实现的作用

最主要的功能是担保债权的实现

### 法定抵销

#### 1.法定抵销的概念

根据法律规定，依当事人一方意思表示即可发生抵销效果的抵销。其中，可依单方意思表示而使自己所负债务消灭的权利称为"抵销权"。提出抵销的债权称为主动债权；被抵销的债权称为被动债权

#### 2.法定抵销的要件

（1）须当事人双方互负债务

（2）须双方债务种类、品质相同

（3）须被动债务已届清偿期

（4）债务不属于不得抵销的债务

#### 3.法定抵销的方法

当事人主张抵销的，应当通知对方。通知自到达对方时生效

抵销不得附条件或者附期限

#### 4.法定抵销的效力

（1）双方对等数额债务因抵销而消灭。在双方债务数额不等时，对尚未抵销的剩余债务，债权人仍有受领清偿的权利

（2）抵销后剩余债权的诉讼时效期间，应重新起算。抵销属于债权的行使方式之一，会导致诉讼时效中断，且中断的法律效果及于全部债权，所以，在部分抵销的场合，剩余债权的诉讼时效期间，应重新计算

### 约定抵销

是基于双方当事人合意使相互债务同归于消灭

## 提存

### 提存的概念与功能

提存是指由于债权人的原因，债务人无法向其交付合同标的物而将该标的物交给提存机关，从而消灭债务的制度

提存的主要功能是使债务人得以从合同关系中解脱出来，免除债务人长期为债务履行所困扰

### 提存的要件

#### 1.提存的原因

（1）债权人无正当理由拒绝受领

（2）债权人下落不明

（3）债权人死亡未确定继承人、遗产管理人或者丧失民事行为能力未确定监护人

（4）法律规定的其他情形

#### 2.提存的主体

（1）提存人是债务人或者其代理人

（2）提存应当在债务清偿地的提存机关进行，我国目前的提存主要是公证提存，公证机关为提存机关

#### 3.提存标的

提存的标的只能是动产。标的物不适于提存或者提存费用过高的，债务人依法可以拍卖或者变卖标的物，提存所得的价款。提存人应就需清偿的全部债务进行提存，原则上不许部分提存

### 提存的法律效力

#### 1.在债务人与债权人之间

（1）自提存之日起，提存人的债务归于消灭

（2）提存期间，标的物的孳息归债权人所有；提存费用由债权人负担；标的物提存后，毁损、灭失的风险由债权人承担

（3）提存人的通知义务。提存后，债务人应及时通知债权人或者其继承人、遗产管理人、监护人、财产代管人

合同的消灭

提存 — 提存的法律效力
- 2.在提存人与提存机关之间：提存人与提存机关之间，可准用保管合同的规定。提存机关应妥善保管提存物。提存人可以凭人民法院生效的判决、裁定或者提存之债已经清偿的公证证明取回提存物。提存人取回提存物的，视为未提存，提存人应承担提存机关保管提存物的费用
- 3.在债权人与提存部门之间
  - （1）债权人可以随时领取提存物，但债权人对债务人负有到期债务的，在债权人未履行债务或者未提供担保之前，提存部门根据债务人的要求应当拒绝其领取提存物
  - （2）债权人领取提存物的权利，自提存之日起5年内不行使而消灭，提存物扣除提存费用后归国家所有。但是，债权人未履行对债务人的到期债务，或者债权人向提存部门书面表示放弃领取提存物权利的，债务人负担提存费用后有权取回提存物。此5年期间为不变期间，不适用诉讼时效期间中止、中断或延长的规定

免除
- 免除的概念：是指权利人放弃自己的全部或者部分权利，从而使合同义务减轻或者使合同终止的一种形式
- 免除的要件
  - （1）债权人或者其代理人应向债务人或者其代理人作出抛弃债权的意思表示
  - （2）免除是债权人处分其债权的法律行为
  - （3）免除不得损害第三人的利益
- 免除的效力
  - （1）债权人免除债务人部分或者全部债务的，合同的权利义务部分或者全部终止，但是债务人在合理期限内拒绝的除外
  - （2）免除债务，债权的从权利，如从属于债权的担保权利、利息权利、违约金请求权等也随之消灭
  - （3）债权人免除连带债务人之一的债务的，其余连带债务人在扣除该连带债务人应分担的份额后，仍应就剩余债务承担连带责任

混同
- 混同的概念：即债权债务同归于一人，致使合同关系消灭的事实
- 混同的效力：债权和债务同归于一人的，债权债务终止，但是损害第三人利益的除外
  - 1.合同关系及其他债之关系消灭，附属于主债务的从权利和从债务也一并消灭
  - 2.混同不导致债之关系消灭的例外情形
    - （1）债权是他人权利之标的
    - （2）法律规定混同不发生债之关系消灭效力

合同解除
- 合同解除的概念：是指合同有效成立后，因主客观情况发生变化，使合同的履行成为不必要或者不可能，根据双方当事人达成的协议或者一方当事人的意思表示提前终止合同效力
- 约定解除
  - 1.协商解除。合同生效后，未履行或未完全履行之前，当事人以解除合同为目的，经协商一致，可以订立一个解除原来合同的协议，使合同效力消灭
  - 2.约定解除权。解除权可以在订立合同时约定，也可以在履行合同的过程中约定；可以约定一方解除合同的权利，也可以约定双方解除合同的权利
  - 约定解除权与协商解除有所不同：约定解除权是双方在解除事由发生前的约定，是给予当事人解除权，并非直接消灭合同，合同是否消灭取决于当事人是否行使解除权；协商解除则是当事人基于合意直接消灭原合同关系
- 法定解除
  - 法定解除是当事人行使依据法律规定取得的解除权以消灭合同关系的行为。解除权取得的基础在于法律的明文规定。解除权人依其解除的单方意思表示即可使合同关系归于消灭
  - 1.法定解除权取得的原因
    - （1）因不可抗力致使不能实现合同目的。只有不可抗力致使合同目的不能实现时，当事人才可以解除合同
    - （2）预期违约。在履行期限届满之前，当事人一方明确表示或者以自己的行为表明不履行主要债务的，对方当事人可以解除合同
    - （3）当事人一方迟延履行主要债务，经催告后在合理期限内仍未履行
    - （4）当事人一方迟延履行债务或者有其他违约行为致使不能实现合同目的
    - （5）法律规定的其他情形

（1）法定解除权行使的主体。因不可抗力致使合同目的不能实现的情形，因双方均无过错，所以，双方均可解除合同。在法定解除权发生的其他情形，解除权的行使主体应限于守约方，合同解除是因违约方根本违约而赋予守约方的救济路径

2.法定解除权的行使

（2）享有解除权的一方向对方表示解除的意思

享有解除权的一方依法主张解除合同的，应当通知对方。合同自通知到达对方时解除。通知载明债务人在一定期限内不履行债务则合同自动解除，债务人在该期限内未履行债务的，合同自通知载明的期限届满时解除

当事人一方未通知对方，直接以提起诉讼或者申请仲裁的方式依法主张解除合同，人民法院或者仲裁机构确认该主张的，合同自起诉状副本或者仲裁申请书副本送达对方时解除

（3）对于解除权行使有异议的，应诉诸司法程序

（4）解除权应在法定期限内行使

3.合同解除的效力

（1）合同解除后尚未履行的，终止履行；已经履行的，根据履行情况和合同性质，当事人可以要求恢复原状、采取其他补救措施，并有权要求赔偿损失

（2）合同的权利义务终止，不影响合同中结算和清理条款的效力

（3）合同因违约解除的，解除权人可以请求违约方承担违约责任，但是当事人另有约定的除外

（4）主合同解除后，担保人对债务人应当承担的民事责任仍应当承担担保责任，但是担保合同另有约定的除外

合同的消灭 — 合同解除 — 法定解除

**违约责任**

违约责任的概念与基本构成

违约责任即违反合同的民事责任，是指合同当事人一方或双方不履行合同义务或者履行合同义务不符合约定时，依照法律规定或者合同约定所承担的法律责任

依法订立的有效合同对当事人双方来说，都具有法律约束力。如果不履行或者履行义务不符合约定，就要承担违约责任

除非法律有特别规定，违约责任属于严格责任，即违约责任的承担不以违约方有过错为条件。一般违约责任的构成要件仅包括违约行为以及无法定或约定的免责事由

违约行为分为实际违约与预期违约。实际违约包括履行不能、履行拒绝、履行迟延与不完全履行。对于预期违约，当事人一方明确表示或者以自己的行为表明不履行合同义务的，对方可以在履行期限届满前请求其承担违约责任

承担违约责任的形式

继续履行

又称为强制履行，是指在一方当事人不履行合同义务或者履行合同义务不符合约定时，另一方可请求人民法院强制违约方继续履行合同义务

当事人一方未支付价款、报酬、租金、利息，或者不履行其他金钱债务的，对方可以请求其支付

当事人一方不履行非金钱债务或者履行非金钱债务不符合约定的，对方可以要求履行，但有下列情形之一的除外

（1）法律上或者事实上不能履行

（2）债务的标的不适于强制履行或者履行费用过高，前者如以具有人身性质的劳务为债务的，后者指履行费用大大超过实际履行合同所能获得的利益

（3）债权人在合理期限内未请求履行

采取补救措施

当事人一方履行合同义务不符合约定的，应当按照当事人的约定承担违约责任

受损害方可以根据受损害的性质以及损失的大小，合理选择要求对方适当履行，如采取修理、重作、更换、退货、减少价款或者报酬等措施，也可以选择解除合同、中止履行合同、通过提存履行债务、行使担保债权等补救措施

赔偿损失

是指当事人一方不履行合同义务或者履行合同义务不符合约定而给对方造成损失的，依法或者根据合同约定应承担赔偿对方当事人所受损失的责任

当事人一方不履行合同义务或者履行合同义务不符合约定的，在履行义务或者采取补救措施后，对方还有其他损失的，应当赔偿损失

违约责任

承担违约责任的形式

赔偿损失
损失赔偿额应当相当于因违约所造成的损失，包括合同履行后可以获得的利益，但不得超过违反合同一方订立合同时预见到或者应当预见到的因违反合同可能造成的损失

当事人一方违约后，对方应当采取适当措施防止损失的扩大；没有采取适当措施致使损失扩大的，不得就扩大的损失要求赔偿。当事人因防止损失扩大而支出的合理费用，由违约方承担

支付违约金
为了保证合同的履行，合同当事人可以约定一方违约时应当根据情况向对方支付一定数额的违约金，也可以约定因违约产生的损失赔偿额的计算方法

约定的违约金低于造成的损失的，人民法院或者仲裁机构可以根据当事人的请求予以增加；约定的违约金过分高于造成的损失的，人民法院或者仲裁机构可以根据当事人的请求予以适当减少

当事人就迟延履行约定违约金的，违约方支付违约金后，还应当履行债务

定金责任

1.定金的概念与种类
定金是指合同当事人约定一方向对方给付一定数额的货币作为合同的担保。定金既可以作为担保方式，也可以作为一种民事责任方式。定金根据当事人的约定，有以下三种类型：

（1）违约定金，指定金设立的目的在于保障合同的履行。当事人约定以交付定金作为主合同债务履行担保的，给付定金的一方未履行主合同债务的，无权要求返还定金；收受定金的一方未履行主合同债务的，应当双倍返还定金

（2）成约定金，当事人约定以交付定金作为主合同成立或者生效要件的，给付定金的一方未支付定金，但主合同已经履行或者已经履行主要部分的，不影响主合同的成立或者生效

（3）解约定金，定金交付后，交付定金的一方可以按照合同的约定以丧失定金为代价而解除主合同，收受定金的一方可以双倍返还定金为代价而解除主合同

2.定金的生效
定金合同是实践性合同，从实际交付定金时成立

定金的数额由当事人约定，但不得超过主合同标的额的20%。超过部分不产生定金的效力

实际交付的定金数额多于或者少于约定数额，视为变更约定的定金数额。收受定金一方提出异议并拒绝接受定金的，定金合同不成立

3.定金的效力
（1）债务人履行债务的，定金应当抵作价款或者收回

（2）给付定金的一方不履行债务或者履行债务不符合约定，致使不能实现合同目的的，无权请求返还定金；收受定金的一方不履行债务或者履行债务不符合约定，致使不能实现合同目的的，应当双倍返还定金。此定金责任被称为"定金罚则"

（3）在同一合同中，当事人既约定违约金，又约定定金的，一方违约时，对方可以选择适用违约金或者定金条款，即二者不能同时主张。买卖合同约定的定金不足以弥补一方违约造成的损失，对方可以请求赔偿超过定金部分的损失，但定金和损失赔偿的数额总和不应高于因违约造成的损失

免责事由

法定事由

1.不可抗力
是指不能预见、不能避免且不能克服的客观情况。常见的不可抗力情形主要包括自然灾害、政府行为或者社会异常事件等，当事人可以在合同中通过约定限定不可抗力的具体范围

因不可抗力不能履行合同的，根据不可抗力的影响，部分或者全部免除责任，但法律另有规定的除外。当事人迟延履行后发生不可抗力的，不能免除责任

当事人一方因不可抗力不能履行合同的，应当及时通知对方不能履行或者不能完全履行合同的情况和理由，并在合理期限内提供有关机关的证明，证明不可抗力及其影响当事人履行合同的具体情况。若当事人怠于通知，致使对方当事人损失的，仍就对方的损失承担赔偿责任

2.受害人过错
是指受害人对于违约行为的发生或者违约损害后果扩大所具有的过错

受害人过错是部分减免违约方责任的法定事由

**违约责任** — **免责事由** — **免责条款**

是指合同双方当事人在合同中约定，当出现一定的事由或者条件时，可免除或者限制违约方的违约责任的条款。免责条款是对当事人合意尊重的体现，但以下免责条款无效：

（1）提供格式条款的一方不合理地免除或者减轻其责任，加重对方责任，限制对方主要权利

（2）约定造成对方人身损害免责或者故意或者重大过失造成对方财产损失免责的条款

**法律的特别规定**　在法律有特别规定的情况下，可以免除当事人的违约责任

**主要合同** — **买卖合同** — **买卖合同的概念**

是出卖人转移标的物的所有权于买受人，买受人支付价款的合同。转移买卖标的物的一方为出卖人，即卖方；受领买卖标的物、支付价款的一方是买受人，即买方

买卖合同是诺成、双务、有偿合同，可以是要式的，也可以是不要式的

出卖人因未取得所有权或者处分权致使标的物所有权不能转移，买受人可以解除合同并请求出卖人承担违约责任

**买卖合同的标的物**　买卖合同的标的物，应当属于出卖人所有或者出卖人有权处分

**买卖双方当事人的权责**

**1.出卖人的权责**

（1）出卖人应当履行向买受人交付标的物或者交付提取标的物的单证，并转移标的物所有权的义务。出卖人还应当按照约定或者交易习惯向买受人交付提取标的物单证以外的有关单证和资料

（2）出卖人应当按照约定的期限交付标的物

（3）出卖人应当按照约定的地点交付标的物

（4）出卖人应当按照约定的质量要求交付标的物

（5）出卖人应当按照约定的包装方式交付标的物

（6）出卖人应保证标的物的价值或使用效果

（7）买受人在检验期间、质量保证期间、合理期间内提出质量异议，出卖人未按要求予以修理或者因情况紧急，买受人自行或者通过第三人修理标的物后，主张出卖人负担因此发生的合理费用的，人民法院应予支持

（8）出卖人没有履行或者不当履行从给付义务，致使买受人不能实现合同目的，买受人主张解除合同的，应予支持

（9）出卖人就交付的标的物，负有保证第三人不得向买受人主张任何权利的义务，但买受人订立合同时知道或者应当知道第三人对买卖的标的物享有权利的，出卖人不承担该义务

（10）合同约定减轻或者免除出卖人对标的物的瑕疵担保责任，但出卖人故意或者因重大过失不告知买受人标的物的瑕疵，出卖人无权主张减轻或者免除责任

（11）买受人在缔约时知道或者应当知道标的物质量存在瑕疵，主张出卖人承担瑕疵担保责任的，人民法院不予支持，但买受人在缔约时不知道该瑕疵会导致标的物的基本效用显著降低的除外

**2.买受人的权责**

（1）买卖合同中买受人应当按照约定的数额和支付方式支付价款

（2）买受人应当按照约定的地点支付价款

（3）买受人应当按照约定的时间支付价款

（4）分期付款的买受人未支付到期价款的金额达到全部价款的1/5，经催告后在合理期限内仍未支付到期价款的，出卖人可以请求买受人支付全部价款或者解除合同。出卖人解除合同的，可以向买受人请求支付该标的物的使用费

主要合同 — 买卖合同 — 买卖合同

买卖双方当事人的权责 — 2.买受人的权责：（5）标的物质量不符合约定，买受人请求减少价款的，人民法院应予支持。当事人主张以符合约定的标的物和实际交付的标的物按交付时的市场价值计算差价的，人民法院应予支持。价款已经支付，买受人主张返还减价后多出部分价款的，人民法院应予支持

所有权保留：

所有权保留是指在移转财产所有权的交易中，根据法律的规定或者当事人的约定，财产所有人将标的物移转给对方当事人占有，但仍保留其对该财产的所有权，待对方当事人支付合同价款或完成特定条件时，该财产的所有权才发生移转的一种法律制度

当事人约定出卖人保留合同标的物的所有权，在标的物所有权转移前，买受人有下列情形之一，造成出卖人损害的，除当事人另有约定外，出卖人有权取回标的物
- （1）未按照约定支付价款，经催告后在合理期限内仍未支付
- （2）未按照约定完成特定条件
- （3）将标的物出卖、出质或者作出其他不当处分

买受人已经支付标的物总价款的75%以上，出卖人主张取回标的物的，人民法院不予支持

在将标的物出卖、出质或者作出其他不当处分的情形下，第三人依据《民法典》的规定已经善意取得标的物所有权或者其他物权，出卖人不得主张取回标的物

取回的标的物价值显著减少，出卖人可以请求买受人赔偿损失

出卖人依法取回标的物后，买受人在双方约定或者出卖人指定的合理回赎期限内，消除出卖人取回标的物的事由的，可以请求回赎标的物

试用买卖：

试用买卖的买受人在试用期内可以购买标的物，也可以拒绝购买。试用期限届满，买受人对是否购买标的物未作表示的，视为购买

试用买卖的买受人在试用期内已经支付部分价款或者对标的物实施出卖、出租、设立担保物权等行为的，视为同意购买

买卖合同存在下列约定内容之一的，不属于试用买卖
- （1）约定标的物经过试用或者检验符合一定要求时，买受人应当购买标的物
- （2）约定第三人经试验对标的物认可时，买受人应当购买标的物
- （3）约定买受人在一定期间内可以调换标的物
- （4）约定买受人在一定期间内可以退还标的物

试用买卖的当事人没有约定使用费或者约定不明确，出卖人无权主张买受人支付使用费

标的物在试用期内毁损、灭失的风险由出卖人承担

商品房买卖合同：

商品房买卖合同，是指房地产开发企业（出卖人）将尚未建成或者已竣工的房屋向社会销售并转移房屋所有权于买受人，买受人支付价款的合同，包括期房买卖合同和现房买卖合同

1.商品房销售广告的性质：商品房的销售广告和宣传资料为要约邀请，但是出卖人就商品房开发规划范围内的房屋及相关设施所作的说明和允诺具体确定，并对商品房买卖合同的订立以及房屋价格的确定有重大影响的，应当视为要约。该说明和允诺即使未载入商品房买卖合同，亦应当视为合同内容，当事人违反的，应当承担违约责任

2.商品房预售合同的效力：出卖人预售商品房，必须申领商品房预售许可证明。出卖人未取得商品房预售许可证明，与买受人订立的商品房预售合同，应当认定无效，但是在起诉前取得商品房预售许可证明的，可以认定有效

主要合同

买卖合同
　商品房买卖合同
　　3.解除权的行使
　　　（1）因房屋主体结构质量不合格不能交付使用，或者房屋交付使用后，房屋主体结构质量经核验确属不合格，买受人请求解除合同和赔偿损失的，应予支持
　　　（2）因房屋质量问题严重影响正常居住使用，买受人请求解除合同和赔偿损失的，应予支持
　　　（3）出卖人迟延交付房屋或者买受人迟延支付购房款，经催告后在3个月的合理期限内仍未履行，当事人一方请求解除合同的，应予支持，但当事人另有约定的除外。法律没有规定或者当事人没有约定，经对方当事人催告后，解除权行使的合理期限为3个月。对方当事人没有催告的，解除权应当在解除权发生之日起1年内行使；逾期不行使的，解除权消灭

　　4.商品房买卖中贷款合同的效力
　　　因当事人一方原因未能订立商品房担保贷款合同并导致商品房买卖合同不能继续履行的，对方当事人可以请求解除合同和赔偿损失。因不可归责于当事人双方的事由未能订立商品房担保贷款合同并导致商品房买卖合同不能继续履行的，当事人可以请求解除合同，出卖人应当将收受的购房款本金及其利息或者定金返还买受人
　　　因商品房买卖合同被确认无效或者被撤销、解除，致使商品房担保贷款合同的目的无法实现，当事人请求解除商品房担保贷款合同的，应予支持。出卖人应当将收受的购房贷款和购房款的本金及利息分别返还担保权人和买受人

赠与合同
　赠与合同的概念
　　赠与合同是赠与人将自己的财产无偿给予受赠人，受赠人表示接受赠与的合同
　　赠与合同是一种诺成、单务、无偿合同。在附义务的赠与中，赠与人负有将其财产给付受赠人的义务，受赠人按照合同约定负担某种义务，但受赠人所负担的义务并非赠与人所负义务的对价，双方的义务并不是对应的，赠与人不能以受赠人不履行义务为抗辩

　当事人的权利义务
　　（1）经过公证的赠与合同或者依法不得撤销的具有救灾、扶贫、助残等公益、道德义务性质的赠与合同，赠与人不交付赠与财产的，受赠人可以请求交付。在此类赠与合同中，因赠与人故意或者重大过失致使应当交付的赠与财产毁损、灭失的，赠与人应当承担损害赔偿责任
　　（2）赠与的财产有瑕疵的，赠与人不承担责任。但附义务的赠与，赠与的财产有瑕疵的，赠与人在附义务的限度内承担与出卖人相同的责任。赠与人故意不告知瑕疵或者保证无瑕疵，造成受赠人损失的，应当承担损害赔偿责任
　　（3）赠与可以附义务。赠与附义务的，受赠人应当按照约定履行义务
　　（4）赠与人的经济状况显著恶化，严重影响其生产经营或者家庭生活的，可以不再履行赠与义务

　赠与的撤销
　　1.赠与的任意撤销
　　　赠与人在赠与财产的权利转移之前可以撤销赠与
　　　法律对于赠与人的任意撤销权有所限制，体现如下
　　　　（1）赠与合同经公证机关公证后，不得撤销
　　　　（2）赠与的财产权利已转移至受赠人，不得撤销赠与。赠与财产权利转移，对于动产，系指动产交付给受赠人；对于不动产，系指该赠与不动产权利已经登记机关移转登记
　　　　（3）依法不得撤销的具有救灾、扶贫、助残等公益、道德义务性质的赠与合同，不得撤销

　　2.赠与的法定撤销
　　　赠与的法定撤销，是指赠与合同成立后，在具备法定条件时，赠与人或其继承人、法定代理人可以撤销赠与
　　　赠与人在如下法定情形，可以撤销赠与
　　　　（1）受赠人严重侵害赠与人或者赠与人近亲属的合法权益
　　　　（2）受赠人对赠与人有扶养义务而不履行
　　　　（3）受赠人不履行赠与合同约定的义务

借款合同的概念
- 借款合同是借款人向贷款人借款，到期返还借款并支付利息的合同
- 借款合同须采用书面形式，但自然人之间借款另有约定的除外
- 借款合同是诺成性合同，但自然人之间的借款合同为实践性合同。自然人之间的借款合同，自贷款人提供借款时成立

当事人的权利义务
- （1）订立借款合同，借款人应当按照贷款人的要求提供与借款有关的业务活动和财务状况的真实情况以及相应的担保，并应当按照约定向贷款人定期提供有关财务会计报表等资料。贷款人按照约定可以检查、监督借款的使用情况。借款人未按照约定的借款用途使用借款的，贷款人可以停止发放借款，提前收回借款或者解除合同
- （2）贷款人未按照约定的日期、数额提供借款，造成借款人损失的，应当赔偿损失。借款人未按照约定的日期、数额收取借款的，应当按照约定的日期、数额支付利息
- （3）借款人应当按照约定的期限返还借款。对借款期限没有约定或者约定不明确时，当事人可以协议补充；不能达成补充协议的，借款人可以随时返还，贷款人也可以催告借款人在合理期限内返还。借款人可以在还款期限届满之前向贷款人申请展期，贷款人同意的，可以展期

借款利息的规定

1.借款利息不得预先扣除
- （1）禁止高利放贷，借款的利率不得违反国家有关规定
- （2）借款合同对支付利息没有约定的，视为没有利息
- （3）借款合同对支付利息约定不明确，当事人不能达成补充协议的，按照当地或者当事人的交易方式、交易习惯、市场利率等因素确定利息；自然人之间借款的，视为没有利息

2.借款利息的确定
- （4）出借人请求借款人按照合同约定利率支付利息的，人民法院应予支持，但是双方约定的利率超过合同成立时一年期贷款市场报价利率四倍的除外
- （5）借贷双方对前期借款本息结算后将利息计入后期借款本金并重新出具债权凭证，如果前期利率没有超过合同成立时一年期贷款市场报价利率四倍，重新出具的债权凭证载明的金额可认定为后期借款本金
- （6）借贷双方对逾期利率有约定的，从其约定，但是以不超过合同成立时一年期贷款市场报价利率四倍为限
- （7）出借人与借款人既约定了逾期利率，又约定了违约金或者其他费用，出借人可以选择主张逾期利息、违约金或者其他费用，也可以一并主张，但是总计超过合同成立时一年期贷款市场报价利率四倍的部分，人民法院不予支持

3.利息支付期限
- 借款人应当按照约定的期限支付利息
- 对支付利息的期限没有约定或者约定不明确的，当事人可以协议补充；不能达成补充协议时，借款期间不满1年的，应当在返还借款时一并支付；借款期间1年以上的，应当在每届满1年时支付，剩余期间不满1年的，应当在返还借款时一并支付

保证合同概述

1.保证合同的概念
- 保证合同是为保障债权的实现，保证人和债权人约定，当债务人不履行到期债务或者发生当事人约定的情形时，保证人履行债务或者承担责任的合同

2.保证合同的成立
- 保证人与债权人应当以书面形式订立保证合同。保证合同可以是单独订立的书面合同，也可以是主债权债务合同中的保证条款。第三人单方以书面形式向债权人作出保证，债权人接收且未提出异议的，保证合同成立

3.保证合同的内容
- 保证合同应当包括以下内容：被保证的主债权种类、数额，债务人履行债务的期限，保证的方式、范围、期间，以及双方认为需要约定的其他事项。保证合同不完全具备上述规定内容的，可以补正

4.保证合同的从属性
- 保证合同是主债权债务合同的从合同。主债权债务合同无效的，保证合同无效，但是法律另有规定的除外。保证合同被确认无效后，债务人、保证人、债权人有过错的，应当根据其过错各自承担相应的民事责任

（主要合同 — 借款合同、保证合同）

主要合同 —— 保证合同

保证人
- 1.保证人资格的一般规定
  - 保证人可以是具有完全民事行为能力的自然人及法人、非法人组织
  - 不具有完全代偿能力的法人、其他组织或者自然人，以保证人身份订立保证合同后，不得以自己没有代偿能力要求免除保证责任
- 2.保证人资格的限制
  - （1）机关法人原则上不得为保证人
  - （2）居民委员会、村民委员会不得为保证人，但是依法代行村集体经济组织职能的村民委员会，依照村民委员会组织法规定的讨论决定程序对外提供担保的除外
  - （3）以公益为目的的非营利法人、非法人组织不得为保证人

保证方式
- 1.一般保证
  - （1）一般保证的认定：当事人在保证合同中约定，在债务人不能履行债务时，由保证人承担保证责任的，为一般保证
  - （2）先诉抗辩权
    - 一般保证的保证人享有先诉抗辩权。所谓先诉抗辩权，是指在主合同纠纷未经审判或者仲裁，并就债务人财产依法强制执行仍不能履行债务前，保证人对债权人可拒绝承担保证责任
    - 有下列情形之一的，保证人不得行使先诉抗辩权
      - ①债务人住所变更，致使债权人要求其履行债务发生重大困难的，如债务人下落不明、移居境外，且无财产可供执行
      - ②人民法院受理债务人破产案件，中止执行程序的
      - ③债权人有证据证明债务人的财产不足以履行全部债务或者丧失履行债务能力的
      - ④保证人以书面形式放弃先诉抗辩权的
  - （3）主张一般保证责任的相关程序规定
    - 一般保证中，债权人以债务人为被告提起诉讼的，人民法院应予受理。债权人未就主合同纠纷提起诉讼或者申请仲裁，仅起诉一般保证人的，人民法院应当驳回起诉
    - 一般保证中，债权人一并起诉债务人和保证人的，人民法院可以受理，但是在作出判决时，除有前述保证人不得行使先诉抗辩权的情形外，应当在判决书主文中明确，保证人仅对债务人财产依法强制执行后仍不能履行的部分承担保证责任
    - 债权人未对债务人的财产申请保全，或者保全的债务人的财产足以清偿债务，债权人申请对一般保证人的财产进行保全的，人民法院不予准许
    - 一般保证的债权人取得对债务人赋予强制执行效力的公证债权文书后，在保证期间内向人民法院申请强制执行，保证人以债权人未在保证期间内对债务人提起诉讼或者申请仲裁为由主张不承担保证责任的，人民法院不予支持
- 2.连带责任保证
  - （1）连带责任保证的认定：当事人在保证合同中约定保证人与债务人对债务承担连带责任的，为连带责任保证
  - （2）连带责任保证的效力：连带责任保证的债务人不履行到期债务或者发生当事人约定的情形时，债权人可以要求债务人履行债务，也可以要求保证人在其保证范围内承担保证责任

主要合同 — 保证合同

保证方式

2.连带责任保证

（3）连带责任保证与连带共同保证的区别

同一债务有两个或两个以上保证人的，为共同保证。共同保证人应当按照保证合同约定的保证份额，承担保证责任。各保证人与债权人没有约定保证份额的，应当认定为连带共同保证

连带责任保证是保证的一种方式，是保证人与债务人之间的连带；而连带共同保证是共同保证的一种形式，是保证人之间的连带。连带共同保证的多个保证人在保证方式上同样可能承担的是一般保证或连带责任保证，如果承担的是一般保证，共同保证人同样享有先诉抗辩权；如果承担的是连带责任保证，当债务人到期不履行债务时，债权人才可以直接选择要求共同保证人承担连带责任

无论连带共同保证的保证人承担保证的方式是一般保证或连带责任保证，在债权人有权利要求保证人承担保证责任时，债权人可以要求任何一个保证人在保证范围内承担全部保证责任，保证人负有担保全部债权实现的义务。连带共同保证的保证人以其相互之间约定各自承担的份额对抗债权人的，人民法院不予支持

保证责任

1.保证责任的范围　保证人在约定的保证担保范围内承担保证责任

2.保证期间

（1）保证期间的概念

保证期间，是指当事人约定或者法律规定的保证人承担保证责任的时间期限

保证人在与债权人约定的保证期间或者法律规定的保证期间内承担保证责任。保证期间不发生中止、中断和延长

（2）保证期间的长度与起算点

①保证人与债权人约定保证期间的，按照约定执行。未约定的，保证期间为6个月

②保证合同约定的保证期间早于或者等于主债务履行期限的，视为没有约定，保证期间为主债务履行期届满之日起6个月

③债权人与债务人对主债务履行期限没有约定或者约定不明的，保证期间自债权人请求债务人履行义务的宽限期届满之日起计算

④保证人与债权人协议在最高债权额限度内就一定期间连续发生的债权作保证，未约定保证期间的，保证人可以随时书面通知债权人终止保证合同，但保证人对于通知到债权人前所发生的债权，承担保证责任。最高额保证合同对保证期间没有约定或者约定不明的，如最高额保证合同约定有保证人清偿债务期限的，保证期间为清偿期限届满之日起6个月。没有约定债务清偿期限的，保证期间自最高额保证终止之日或自债权人收到保证人终止保证合同的书面通知到达之日起6个月

（3）保证期间的效力规定

①债权人在保证期间内未依法行使权利的，保证责任消灭

②保证人如果有数人，债权人应在保证期间内依法向每一个保证人主张保证责任，否则，对于保证期间内未被主张保证责任的部分保证人，其保证责任仍归于消灭

③一般保证的债权人在保证期间内对债务人提起诉讼或者申请仲裁后，又撤回起诉或者仲裁申请，债权人在保证期间届满前未再行提起诉讼或者申请仲裁，保证人主张不再承担保证责任的，人民法院应予支持

④保证责任消灭后，债权人书面通知保证人要求承担保证责任，保证人在通知书上签字、盖章或者按指印，债权人请求保证人继续承担保证责任的，人民法院不予支持，但是债权人有证据证明成立了新的保证合同的除外

```
主要合同 ── 保证合同 ──┬── 保证责任 ──┬── 3.保证债务的诉讼时效 ──┬── （1）保证债务诉讼时效的概念
```

**（1）保证债务诉讼时效的概念**

- 保证债务诉讼时效为普通诉讼时效，期间为3年
- 保证人知道或者应当知道主债权诉讼时效期间届满仍然提供保证或者承担保证责任，又以诉讼时效期间届满为由拒绝承担保证责任或者请求返还财产的，人民法院不予支持
- 保证人承担保证责任后向债务人追偿的，人民法院不予支持，但是债务人放弃诉讼时效抗辩的除外

**（2）保证债务诉讼时效的起算点**

- ①一般保证的债权人在保证期间届满前对债务人提起诉讼或者申请仲裁的，从保证人拒绝承担保证责任的权利（先诉抗辩权）消灭之日起，开始计算保证债务的诉讼时效
- ②连带责任保证的债权人在保证期间届满前请求保证人承担保证责任的，从债权人请求保证人承担保证责任之日起，开始计算保证合同的诉讼时效
- ③保证人对债务人行使追偿权的诉讼时效，自保证人向债权人承担责任之日起开始计算

**4.主合同变更与保证责任承担**

**（1）主债权转让**

- 在保证期间内，债权人依法将主债权转让给第三人并通知保证人的，保证债权同时转让，保证人在原保证担保的范围内对受让人承担保证责任
- 未通知保证人的，该转让对保证人不发生效力
- 保证人与债权人事先约定仅对特定的债权人承担保证责任或者禁止债权转让的，债权人未经保证人书面同意转让债权的，保证人对于受让人不再承担保证责任

**（2）主债务转移**

- 保证期间，债权人许可债务人转让债务的，应当取得保证人书面同意，保证人对未经其同意转让的债务部分，不再承担保证责任

**（3）第三人债务加入**

- 第三人加入债务的，保证人的保证责任不受影响

**（4）主合同内容变更**

- 保证期间，债权人与债务人对主合同数量、价款、币种、利率等内容做了变动，未经保证人书面同意的，如果减轻债务人债务的，保证人仍应当对变更后的合同承担保证责任；如果加重债务人债务的，保证人对加重的部分不承担保证责任
- 债权人与债务人对主合同履行期限做了变动，未经保证人书面同意的，保证期间为原合同约定的或者法律规定的期间
- 债权人与债务人协议变更主合同内容，但并未实际履行的，保证人仍应当承担保证责任

**5.保证担保与物的担保并存的保证责任**

- 同一债权既有保证又有物的担保的，属于共同担保。被担保的债权既有物的担保又有人的担保，债务人不履行到期债务或发生当事人约定的实现担保物权的情形，债权人应当按照约定实现债权；没有约定或者约定不明确，债务人自己提供物的担保的，债权人应当先就该物的担保实现债权；第三人提供物的担保的，债权人可以就物的担保实现债权，也可以请求保证人承担保证责任。提供担保的第三人承担担保责任后，有权向债务人追偿

**保证人的权利**

**1.保证人的抗辩权**

- 债务人对债权人享有抵销权或者撤销权的，保证人可以在相应范围内拒绝承担保证责任

**2.保证人的追偿权**

- 保证人承担保证责任后，有权向债务人追偿

主要合同 — 租赁合同

**租赁合同概述**　租赁合同是出租人将租赁物交付承租人使用、收益，承租人支付租金的合同

**当事人的权利义务**

**1.租赁物的交付及维修**
- 出租人应当按照约定将租赁物交付承租人，并在租赁期间保持租赁物符合约定的用途
- 出租人应当履行租赁物的维修义务，但当事人另有约定的除外

**2.租赁物的使用、收益**
- 承租人应当按照约定的方法或按照租赁物的性质使用租赁物，并应当妥善保管租赁物，如因保管不善造成租赁物毁损、灭失的，应当承担损害赔偿责任
- 在租赁期间因占有、使用租赁物获得的收益，归承租人所有，但当事人另有约定的除外

**3.租金的支付**
- 承租人应当按照约定的期限支付租金
- 承租人无正当理由未支付或者迟延支付租金的，出租人可以要求承租人在合理期限内支付，承租人逾期不支付的，出租人可以解除合同
- 因不可归责于承租人的事由，致使租赁物部分或者全部毁损、灭失的，承租人可以要求减少租金或者不支付租金；因租赁物部分或者全部毁损、灭失，致使不能实现合同目的的，承租人可以解除合同

**4.转租**
- 转租是指承租人在不脱离原租赁关系的情况下，将租赁物又出租给次承租人（第三人）的情形
- 承租人经出租人同意，可以将租赁物转租给第三人，在这种情况下，承租人与出租人之间的租赁合同继续有效，第三人对租赁物造成损失的，承租人应当赔偿损失
- 承租人未经出租人同意转租的，出租人可以解除合同
- 出租人知道或者应当知道承租人转租，但是在6个月内未提出异议的，视为出租人同意转租

**5.租赁物的返还**　租赁期间届满，承租人应当返还租赁物

**房屋租赁合同**　房屋租赁合同是指以房屋为租赁标的物的租赁合同

**1.房屋租赁合同的效力**

**（1）房屋租赁合同效力的特别规定**
- ①出租人就未取得建设工程规划许可证或者未按照建设工程规划许可证的规定建设的房屋，与承租人订立的租赁合同无效。但在一审法庭辩论终结前取得建设工程规划许可证或者经主管部门批准建设的，人民法院应当认定有效
- ②出租人就未经批准或者未按照批准内容建设的临时建筑，与承租人订立的租赁合同无效。但在一审法庭辩论终结前经主管部门批准建设的，人民法院应当认定有效
- ③租赁期限超过临时建筑的使用期限，超过部分无效。但在一审法庭辩论终结前经主管部门批准延长使用期限的，人民法院应当认定延长使用期限内的租赁期间有效

**（2）"一房数租"的处理**
- 出租人就同一房屋订立数份租赁合同，在合同均有效的情况下，承租人均主张履行合同的，人民法院按照下列顺序确定履行合同的承租人：①已经合法占有租赁房屋的；②已经办理登记备案手续的；③合同成立在先的

**（3）房屋租赁合同无效的法律后果**
- 房屋租赁合同无效，当事人请求参照合同约定的租金标准支付房屋占有使用费的，人民法院一般应予支持

主要合同

├─ 租赁合同
│　└─ 房屋租赁合同
│　　├─ 2.承租人的优先购买权
│　　│　├─ 出租人出卖出租房屋的，应当在出卖之前的合理期限内通知承租人，承租人享有以同等条件优先购买的权利
│　　│　├─ （1）出租人出卖租赁房屋未在合理期限内通知承租人或者存在其他侵害承租人优先购买权的情形，承租人可以请求出租人承担赔偿责任。但是，出租人与第三人订立的房屋买卖合同的效力不受影响
│　　│　└─ （2）出租人出卖租赁房屋的，应当在出卖之前的合理期限内通知承租人，承租人享有以同等条件优先购买的权利；但是，房屋按份共有人行使优先购买权或者出租人将房屋出卖给近亲属的除外
│　　└─ 3.房屋租赁的"买卖不破租赁"原则
│　　　└─ 租赁房屋在租赁期间发生所有权变动，承租人请求房屋受让人继续履行原租赁合同的，人民法院应予支持。但租赁房屋具有下列情形或者当事人另有约定的除外：①房屋在出租前已设立抵押权，因抵押权人实现抵押权发生所有权变动的；②房屋在出租前已被人民法院依法查封的

└─ 融资租赁合同
　├─ 融资租赁合同概述
　│　├─ 融资租赁合同是出租人根据承租人对出卖人、租赁物的选择，向出卖人购买租赁物，提供给承租人使用，承租人支付租金的合同
　│　├─ 融资租赁合同的出租人须是从事融资租赁业务的租赁公司或者其他经过批准兼营租赁业务的公司
　│　├─ 融资租赁合同的内容一般包括租赁物的名称、数量、规格、技术性能、检验方法，租赁期限，租金构成及其支付期限和方式、币种，租赁期限届满租赁物的归属等条款
　│　└─ 融资租赁合同应当采用书面形式
　├─ 当事人的权利义务
　│　├─ 1.出租人的权利义务
　│　│　├─ （1）出租人根据承租人对出卖人、租赁物的选择订立的买卖合同，未经承租人同意，出租人不得变更与承租人有关的合同内容
　│　│　├─ （2）出租人应当保证承租人对租赁物的占有和使用，租赁物不符合约定或者不符合使用目的的，出租人不承担责任，但承租人依赖出租人的技能确定租赁物或者出租人干预选择租赁物的除外
　│　│　├─ （3）出租人享有租赁物的所有权；承租人破产的，租赁物不属于破产财产。出租人对租赁物享有的所有权，未经登记，不得对抗善意第三人
　│　│　├─ （4）承租人未经出租人同意，将租赁物转让、抵押、质押、投资入股或者其他方式处分的，出租人可以解除融资租赁合同
　│　│　└─ （5）出租人、出卖人、承租人可以约定，出卖人不履行买卖合同义务的，由承租人行使索赔的权利
　│　└─ 2.承租人的权利义务
　│　　├─ （1）承租人享有与受领标的物有关的买受人的权利，承租人应当妥善保管、使用租赁物，履行占有租赁物期间的维修义务
　│　　├─ （2）承租人占有租赁物期间，租赁物造成第三人的人身伤害或者财产损害的，应由承租人赔偿损失，出租人不承担责任
　│　　└─ （3）承租人应按照约定支付租金，经催告后在合理期限内仍不支付租金的，出租人可以要求支付全部租金；也可以解除合同，收回租赁物
　└─ 融资租赁合同期限届满时租赁物的归属
　　├─ 出租人和承租人可以约定租赁期间届满租赁物的归属
　　├─ 当事人约定租赁期间届满租赁物归承租人所有，承租人已经支付大部分租金，但无力支付剩余租金，出租人因此解除合同收回租赁物的，收回的租赁物的价值超过承租人欠付的租金以及其他费用的，承租人可以请求相应返还
　　├─ 对租赁物的归属没有约定或者约定不明确，可以协议补充，不能达成补充协议的，按照合同有关条款或者交易习惯确定。仍不能确定的，租赁物的所有权归出租人
　　└─ 当事人约定租赁期限届满，承租人仅需向出租人支付象征性价款的，视为约定的租金义务履行完毕后租赁物的所有权归承租人

# 第六章 金融法律制度

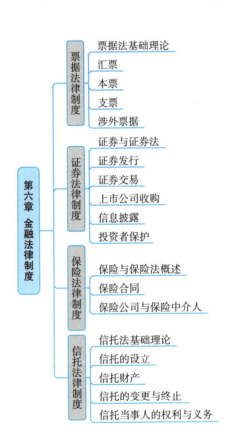

票据法律制度
- 票据法基础理论
- 汇票
- 本票
- 支票
- 涉外票据

证券法律制度
- 证券与证券法
- 证券发行
- 证券交易
- 上市公司收购
- 信息披露
- 投资者保护

第六章 金融法律制度

保险法律制度
- 保险与保险法概述
- 保险合同
- 保险公司与保险中介人

信托法律制度
- 信托法基础理论
- 信托的设立
- 信托财产
- 信托的变更与终止
- 信托当事人的权利与义务

票据法律制度
├─ 票据法基础理论
│  ├─ 票据的概念
│  │  ├─ 广义概念，包括各种有价证券和凭证
│  │  └─ 狭义概念，《票据法》中规定的票据，包括汇票、本票和支票
│  ├─ 票据法的概念
│  │  ├─ 广义概念，是指各种法律规范中有关票据规定的总称
│  │  └─ 狭义概念，仅指票据的专门立法
│  ├─ 票据法上的关系和票据的基础关系
│  │  ├─ 票据法上的关系
│  │  │  ├─ 票据法上的票据关系
│  │  │  └─ 票据法上的非票据关系
│  │  └─ 票据基础关系　票据关系一经形成，就与基础关系相分离
│  ├─ 票据行为
│  │  ├─ 概念：是指票据当事人以发生票据债务为目的、以在票据上签章为权利义务成立要件的法律行为
│  │  └─ 票据行为成立的有效条件
│  │     ├─ 行为人必须具有从事票据行为的能力
│  │     ├─ 行为人的意思表示必须真实或无缺陷
│  │     ├─ 票据行为的内容必须符合法律、法规的规定
│  │     └─ 票据行为必须符合法定形式（签章、票据记载事项）
│  ├─ 票据行为的代理
│  │  ├─ 代理概述
│  │  │  ├─ 票据当事人必须有委托代理的意思表示
│  │  │  ├─ 代理人必须按被代理人的委托在票据上签章
│  │  │  └─ 代理人应在票据上表明代理关系
│  │  ├─ 无权代理
│  │  └─ 越权代理
│  ├─ 票据权利
│  │  ├─ 概念　持票人向票据债务人请求支付票据金额的权利（付款请求权和追索权）
│  │  ├─ 票据权利的取得（出票取得；转让取得；通过税收、继承、赠与、企业合并等方式取得）
│  │  ├─ 票据权利的行使与保全（可以依法采取保全措施和执行措施的情形）
│  │  ├─ 票据权利的补救（补救措施：挂失止付、公示催告、普通诉讼）
│  │  └─ 票据权利的消灭（不行使而消灭的期限）
│  ├─ 票据抗辩
│  │  ├─ 概念　对票据债权人拒绝履行义务的行为
│  │  ├─ 种类
│  │  │  ├─ 对物抗辩　基于票据本身存在事由发生的抗辩
│  │  │  └─ 对人抗辩　票据债务人对抗特定债权人的抗辩
│  │  └─ 限制
│  │     ├─ 与出票人之间
│  │     ├─ 与持票人前手之间
│  │     └─ 善意的、已付对价的正当持票人
│  └─ 票据的伪造和变造
│     ├─ 票据的伪造（票据上有伪造签章的，不影响票据上其他真实签章的效力）
│     └─ 票据的变造（符合和不符合变造条件的情况），票据的变造应依照签章是在变造之前或之后来承担责任
└─ 汇票
   ├─ 概述
   │  ├─ 概念：是出票人签发的、委托付款人在见票时或者在指定日期无条件支付确定的金额给收款人或者持票人的票据（法律特征）
   │  └─ 分类
   │     ├─ 依出票人的不同，分为银行汇票和商业汇票
   │     └─ 依汇票到期日的不同，分为即期汇票和远期汇票
   ├─ 汇票的出票
   │  ├─ 概念：出票也称发票，是指出票人签发票据并将其交付给收款人的票据行为
   │  ├─ 两个行为：作成票据、交付票据
   │  └─ 出票的记载事项（绝对记载事项、相对记载事项、非法定记载事项）
   └─ 出票的效力
      ├─ 对出票人的效力
      ├─ 对付款人的效力
      └─ 对收款人的效力

指持票人以转让汇票权利或授予他人一定的票据权利为目的，按法定的事项和方式在票据背面或者粘单上记载有关事项并签章的票据行为

**汇票的背书**
- 背书的形式（背书签章和背书日期的记载、被背书人名称的记载）
- 背书连续
- 委托收款背书和质押背书
- 法定禁止背书（被拒绝承兑的汇票、被拒绝付款的汇票、超过付款提示期限的汇票）

**汇票的承兑**
指汇票付款人承诺在汇票到期日支付汇票金额的票据行为
- 承兑的程序（提示承兑、承兑成立）
- 承兑的效力（责任的表现）

**汇票的保证**
指票据债务人以外的他人充当保证人，担保票据债务履行的票据行为
- 保证的当事人（保证人与被保证人）与格式（"保证"字样；保证人名称和住所；被保证人的名称；保证日期；保证人签章）
- 保证的效力（保证人的责任、共同保证人的责任、保证人的追索权）

**汇票的付款**
指付款人依据票据文义支付票据金额，以消灭票据关系的行为
- 付款的程序（付款提示、支付票款）
- 付款的效力

**汇票的追索权**
追索权的概念，是指持票人在票据到期后不获付款或到期前不获承兑或有其他法定原因，并在实施行使或保全票据上权利的行为后，可以向其前手请求偿还票据金额、利息及其他法定款项的一种票据权利

**追索权发生的原因**
- 追索权发生的实质条件
  - 到期被拒绝付款
  - 到期日前被拒绝承兑
  - 到期日前承兑人或付款人死亡、逃匿
  - 到期日前承兑人或付款人被依法宣告破产或因违法被责令终止业务活动
- 追索权发生的形式要件（拒绝证明：拒绝证书；退票理由书；直接在汇票上记载提示日期、拒绝事由、拒绝日期并盖章；依法取得其他有关证明；人民法院有关司法文件；有关行政主管部门的处罚决定；承兑人自己作出并发布的表明没有支付能力公告）

**追索权的行使**
- 持票人发出追索通知（追索通知的当事人、通知的期限、通知的方式和通知应记载的内容、未在规定期限内发出追索通知的后果）
- 确定追索对象与责任承担（确定追索对象、被追索人的责任承担）
- 请求偿还金额和受领清偿金额（请求偿还金额、受领清偿金额、被追索人清偿债务后的效力）

**本票**

**概述**
- 概念：是出票人签发的，承诺自己在见票时无条件支付确定的金额给收款人或者持票人的票据
- 分类（在我国，本票仅限于银行本票，且为记名本票和即期本票）
- 本票适用汇票的有关规定（具有与其他票据相同的一般性质和特征）

**本票的出票**
- 出票行为是以自己负担支付本票金额的债务为目的的票据行为
- 本票的出票人，为经批准办理银行本票业务的银行机构
- 出票的记载事项
  - 绝对记载事项（如无记载，票据或票据行为无效）
  - 相对记载事项（付款地、出票地）

见票付款（自出票日起，付款期限最长不得超过2个月）

票据法律制度 — 汇票 — 本票

票据法律制度
- 支票
  - 概述
    - 是出票人签发的，委托银行或者其他金融机构在见票时无条件支付一定金额给收款人或者持票人的票据（基本当事人：出票人、付款人和收款人，特征：以银行业金融机构作为付款人；见票即付）
    - 支票的分类（现金支票、转账支票、普通支票）
    - 支票适用汇票的有关规定
  - 支票的出票
    - 概念：出票人签发支票并交付的行为（签发条件：开立账户；存入足够支付的款项；预留印鉴）
    - 支票的记载事项（绝对记载事项、相对记载事项）
    - 出票的其他法定条件
    - 出票的效力
      - 出票人必须在付款人处存有足够可以分的资金，以保证支票票款的支付
      - 当付款人对支票拒绝付款或超过支票付款提示期限的，出票人应向持票人当日足额付款
  - 支票的付款
    - 支票的提示付款期限（持票人自出票日起10日内提示付款）
    - 付款（当日足额）
    - 付款责任的解除（付款不能解除付款责任，由此造成损失的，由付款人承担赔偿责任）
- 涉外票据
  - 涉外票据的概念
  - 涉外票据的法律适用
    - 适用出票地法律：票据债务人的民事行为能力；汇票、本票出票时的记载事项；追索权的行使期限
    - 适用行为地法律：票据的背书、承兑、付款和保证行为
    - 适用付款地法律：提示期限、有关拒绝证明的方式、出具拒绝证明的期限；失票人请求保全票据权利的程序

证券法律制度
- 证券与证券法
  - 证券
    - 概念：是以证明或设定权利为目的所作成的一种书面凭证（广义和狭义）
    - 证券的种类（股票、债券、存托凭证、证券投资基金份额、资产支持证券、资产管理产品、认股权证、期货、期权）
  - 证券法
    - 概念：广义的证券法是指一切与证券有关的法律规范的总称；狭义的证券法专指《证券法》
    - 我国《证券法》适用范围：在中国境内，股票、公司债券、存托凭证和国务院依法认定的其他证券的发行和交易行为；《证券法》未规定的，适用《公司法》和其他法律、行政法规的规定
  - 证券市场
    - 证券市场的结构
      - 交易所市场（主板市场、创业板、科创板）
      - 全国中小企业股份转让系统
      - 区域性股权市场
    - 证券市场的主体（证券发行人、证券投资者、证券中介机构、证券交易场所、证券自律性组织、证券监管机构）
  - 证券活动和证券监管原则
    - 公开、公平、公正原则
    - 自愿、有偿、诚实信用原则
    - 守法原则
    - 分业经营、分业管理原则
    - 保护投资者合法权益原则
    - 监督管理与自律管理相结合原则
- 证券发行
  - 概述
    - 概念
      - 广义的证券发行，指符合发行条件的商业组织或政府组织（发行人），以筹集资金为目的，依照法律规定的程序向公众投资者出售代表一定权利的资本证券的行为
      - 狭义的证券发行，是指发行人在所需资金募集后，作成证券并交付投资人受领的单方行为

证券法律制度
├─ 证券发行
│　├─ 概述　分类
│　│　├─ 按发行的对象不同可分为公开发行（公开发行的情形）和非公开发行
│　│　├─ 按发行的目的不同可分为设立发行和增资发行
│　│　├─ 按发行的方式不同可以分为直接发行和间接发行
│　│　└─ 按发行价格与证券票面金额的关系可分为平价发行、溢价发行和折价发行
│　├─ 审核制度
│　│　├─ 注册制，指证券发行申请人依法将与证券发行有关的信息和资料公开，制成法律文件，送交监管机构审核，监管机构只负责审查发行申请人提供的信息和资料是否履行了信息披露义务的制度
│　│　└─ 核准制，指发行人发行证券，不仅要公开全部的，可以供投资人判断的信息与资料，还要符合证券发行的实质性条件，证券监管机构有权依照法律的规定，对发行人提出的申请以及有关材料，进行实质性审查，发行人得到批准以后，才可以发行证券
│　├─ 股票的发行
│　│　├─ 首次公开发行股票的一般条件
│　│　├─ 主板首次公开发行股票的条件
│　│　├─ 主板上市公司配股的条件
│　│　├─ 主板上市公司增发的条件
│　│　├─ 科创板、创业板首次公开股票发行条件
│　│　└─ 科创板、创业板上市公司配股与增发的条件（向不特定对象发行股票的条件；上市公司不得向不特定对象发行股票的情形；上市公司发行股票，募集资金使用应当符合的规定）
│　├─ 公司债券的发行
│　│　├─ 一般规定（决议事项：发行债券的金额；发行方式；债券期限；募集资金的用途；其他按照法律法规及公司章程规定需要明确的事项）
│　│　├─ 公开发行公司债券（应当符合的条件；不得再次公开发行公司债券的情形；专业投资者和普通投资者可以参与认购的公开发行公司债券标准）
│　│　└─ 非公开发行公司债券，不得采用广告、公开劝诱和变相公开方式，非公开发行的对象应当是专业投资者，每次发行对象不得超过200人
│　├─ 存托证券的发行
│　│　└─ 境外基础证券发行人申请公开发行以其股票为基础的存托凭证，除应符合首次公开发行新股的条件外，还应符合国务院证券监管机构规定的其他条件
│　├─ 证券投资基金的募集
│　│　├─ 概念：指通过公开或者非公开方式募集投资者资金，由基金管理人管理，基金托管人托管，从事股票、债券等金融工具组合投资的一种利益共享、风险共担的集合证券投资方式（分类：封闭式基金和开放式基金）
│　│　├─ 公开募集基金
│　│　└─ 非公开募集基金（设立原则、合格投资者、募集规则、投资运作）
│　└─ 证券发行的程序
│　　├─ 股票主板发行的程序
│　　│　├─ 一般程序（作出发行决议、提出发行申请、依法核准申请、公开发行信息、签订承销协议、备案）
│　　│　└─ 主板发行实行注册制后的证券发行程序（作出发行决议；聘请保荐人；签订承销协议；提出发行申请；预披露；发行注册；信息披露、发行股票；备案）
│　　└─ 股票科创板、创业板首次公开发行程序（发行人内部决议；保荐人保荐并向证券交易所申报；证券交易所审核并报送中国证监会发行注册；中国证监会发行注册；信息披露；报备发行与承销方案、发行股票）
└─ 证券交易
　├─ 概述
　│　└─ 概念：主要指证券买卖，即证券持有人依照证券交易规则，将已依法发行的证券转让给其他证券投资者的行为
　└─ 一般规定
　　├─ 标的与主体必须合法（限制性规定）
　　├─ 在合法的证券交易场所交易
　　├─ 以合法方式交易
　　├─ 规范交易服务
　　└─ 规范程序化交易

证券法律制度
├─ 证券交易
│　├─ 证券上市
│　│　├─ 证券上市
│　│　│　├─ 常规证券上市
│　│　│　│　├─ 常规证券主板、创业板上市条件：应当对发行人的经营年限、财务状况、最低公开发行比例和公司治理、诚信记录等提出要求
│　│　│　│　├─ 科创板上市条件：发行后股本总额不低于3000万元；公开发行的股份达到公司股份总数的25%以上，股本总额超过4亿元的，公开发行股份的比例为10%以上；市值及财务指标符合规定的标准；交易所规定的其他上市条件
│　│　│　│　└─ 终止上市
│　│　│　└─ 证券投资基金份额的交易
│　│　│　　　├─ 公开募集基金的基金份额的交易、申购与赎回（基金份额上市交易应符合的条件）
│　│　│　　　└─ 非公开募集基金的基金份额的转让
│　│　└─ 禁止的交易行为
│　│　　　├─ 内幕交易行为，指证券交易内幕信息的知情人员利用内幕信息进行证券交易的行为（知情人的范围，内幕信息、相关责任）
│　│　　　├─ 利用未公开信息进行交易行为
│　│　　　├─ 操纵市场行为，指单位或个人以获取利益或减少损失为目的，利用其资金、信息等优势影响证券市场价格，制造证券市场假象，诱导或者致使投资者在不了解事实真相的情况下作出买卖证券的决定，扰乱证券市场秩序的行为（操纵证券市场的行为情形）
│　│　　　├─ 虚假陈述行为，指行为人在提交和公布的信息文件中作出违背事实真相的虚假记载、误导性陈述或者发生重大遗漏的行为
│　│　　　├─ 欺诈客户行为是指证券公司及其从业人员在证券交易及相关活动中，违背客户真实意愿，侵害客户利益的行为（证券公司及其从业人员损害客户利益欺诈行为的情形）
│　│　　　└─ 其他禁止的交易行为（禁止出借自己的证券账户或者借用他人的证券账户从事证券交易；禁止资金违规流入股市；禁止投资者违规利用财政资金、银行信贷资金买卖证券）
└─ 上市公司收购
　　├─ 概述
　　│　├─ 概念：指收购人通过在证券交易所的股份转让活动，持有一个上市公司的已发行的表决权股份达到一定比例或通过证券交易所股份转让活动以外的其他合法方式控制一个上市公司的表决权股份达到一定程度，导致其获得或者可能获得对该公司的实际控制权的行为（实际控制权的含义）
　　│　├─ 上市公司收购人（一致行动人；不得收购上市公司的情形）
　　│　├─ 上市公司收购中有关当事人的义务
　　│　│　├─ 收购人的义务（公告义务、禁售义务、锁定义务）
　　│　│　├─ 被收购公司的控股股东、实际控制人的义务
　　│　│　└─ 被收购公司的董事及董事会、监事和高级管理人员的义务
　　│　└─ 上市公司收购的支付方式，收购人可以采用现金、依法可以转让的证券、现金与证券相结合等合法方式支付收购上市公司的价款
　　├─ 上市公司收购的权益披露
　　│　├─ 进行权益披露的情形与时间
　　│　│　├─ 场内交易受让股份（公告内容）
　　│　│　├─ 协议转让受让股份
　　│　│　└─ 被动受让股份
　　│　└─ 权益变动的披露文件（简式权益变动报告书；详式权益变动报告书）
　　└─ 要约收购
　　　　├─ 概念：收购人公开向被收购公司的股东发出要约，并按要约中的价格、期限等条件购买被收购公司的表决权股份，以期获得或者巩固被收购公司控制权的行为
　　　　├─ 要约收购的适用条件（持股比例达到30%，继续增持股份）
　　　　├─ 收购要约的期限
　　　　├─ 收购要约的撤销
　　　　├─ 收购要约的变更（收购要约的变更不得存在的情形）
　　　　└─ 免除发出要约（收购人可以免于以要约方式增持股份的情形；投资者可以免于发出要约的情形；符合免于以要约方式增持股份或是免于发出要约规定情形的，投资者及其一致行动人可以的行动）

证券法律制度

## 上市公司收购

协议收购，指收购人在证券交易所之外，通过与被收购公司的股东协商一致达成协议，受让其持有的上市公司的股份而进行的收购

其他合法收购方式（认购股份收购、集中竞价收购等）

上市公司收购的法律后果
- 终止上市与余额股东强制性出售权
- 变更企业形式
- 限期禁止转让股份
- 更换股票

## 信息披露

信息披露的义务人（法定义务）除发行人外，法律、行政法规和国务院证券监督管理机构规定的其他信息披露义务人，如发起人、控股股东等实际控制人、保荐人、证券承销商等，均应当及时依法履行信息披露义务

信息披露的原则与要求（真实、完整、精确；一致性原则及要求）

证券发行市场信息披露（发行文件的预先披露制度；证券发行信息披露制度）

证券交易市场信息披露
- 定期报告（报送并公告中期报告、审计后年度报告）
- 临时报告

董事、监事、高管的信息披露职责（签署书面确认意见）

信息的发布与信息披露的监督
- 信息的发布（定期报告的编制、审议和披露程序；重大事件的报告、传递、审核和披露程序）
- 信息披露的监督管理

信息披露的民事责任，发行人及其控股股东、实际控制人、董事、监事、高级管理人员等作出公开承诺的，其承诺属于强制披露内容，不履行承诺给投资者造成损失的，应当依法承担赔偿责任

## 投资者保护

投资者适当性管理制度，在证券公司与投资者的关系上，证券公司依法承担适当性管理义务

证券公司与普通投资者纠纷的自证清白制度，普通投资者与证券公司发生纠纷的，证券公司应当证明其行为符合法律、行政法规以及国务院证券监督管理机构的规定，不存在误导、欺诈等情形，如不能证明的，应当承担相应的赔偿责任

股东代理权征集制度，指上市公司董事会、独立董事、持有1%以上有表决权股份的股东，依照法律、行政法规或者投资者保护机构，可以作为征集人，自行或者委托证券公司、证券服务机构，公开请求上市公司股东委托其代为出席股东大会，并代为行使提案权、表决权等股东权利

上市公司现金分红制度，上市公司应当在章程中明确分配现金股利的具体安排和决策程序，依法保障股东的资产收益权

公司债券持有人会议制度（为了公司债权人的共同利益设立的，通过会议的形式集体行权的法律机制）与受托管理人制度

先行赔付制度，对于证券欺诈等侵害投资者利益的行为，相关责任人的先期赔付是对投资者最为有效的救助机制

普通投资者与证券公司纠纷的强制调解制度，投资者与发行人、证券公司等发生纠纷的，双方可以向投资者保护机构申请调解

投资者保护机构的代表诉讼制度，提起诉讼的主体限于持股达一定比例且满足一定期限的股东；发行人的董事等执行公司职务时违反法律、行政法规或公司章程的规定造成公司损失，发行人的控股股东等侵犯公司合法权益给公司造成损失，投资者保护机构持有该公司股份的，可以自己的名义提起诉讼，持股比例和持股期限不受《公司法》规定的限制

代表人诉讼制度，是在当事人一方人数众多，其诉讼标的是同一种类的情况下，由其中一人或数人代表全体相同权益人进行诉讼，法院判决效力及于全体相同权益人的诉讼

保险是指投保人根据合同约定，向保险人支付保险费，保险人对于合同约定的可能发生的事故因其发生所造成的财产损失承担赔偿保险金责任，或者当被保险人死亡、伤残、疾病或者达到合同约定的年龄、期限等条件时承担给付保险金责任的商业保险行为

保险与保险法概述
- 概述
  - 保险的本质　对危险发生后遭受的损失予以经济补偿
  - 保险的构成要素
    - 可保危险的存在
    - 以多数人参加保险并建立基金为基础（危险的特征）
    - 以损失赔付为目的
- 保险的分类
  - 按责任发生的效力依据可分为强制保险与自愿保险
  - 按设立是否以营利为目的可分为政策性保险与商业保险
  - 按标的的不同可分为财产保险与人身保险
  - 按保险人是否转移保险责任可分为原保险和再保险
  - 按保险人的人数可分为单保险和复保险
- 保险法的基本原则
  - 最大诚信原则（基本内容：告知、保证、弃权与禁止反言）
  - 保险利益原则
    - 必须是法律上承认的利益
    - 必须具有经济性
    - 必须具有确定性
  - 损失补偿原则
    - 被保险人只有遭受约定的保险危险所造成的损失才能获得赔偿
    - 补偿的金额等于实际损失的金额
  - 近因原则　保险人对承保范围内的保险事故作为直接的、最接近的原因所引起的损失，承担保险责任

保险法律制度

保险合同
- 保险合同的特征
  - 双务有偿合同，保险合同的当事人按照合同的约定互相负有义务，保险人在合同约定的保险事故发生时或者在保险期限届满时，向投保人（或被保险人，或受益人）支付赔偿金或保险金；投保人按照合同约定向保险人缴纳保险费，并以此为代价将一定范围内的危险转移给保险人
  - 射幸合同，即为碰运气的机会性合同
  - 诺成合同，投保人提出保险要求，经保险人同意承保，保险合同成立
  - 格式合同，保险合同的内容或主要条款或保险单一般是由保险人一方根据相关规定拟定和提供的（对格式条款的制约机制）
  - 最大诚信合同
- 合同分类
  - 按保险价值是否先予确定为标准可分为定值保险合同与不定值保险合同
  - 按保险价值与保险金额的关系可分为足额保险合同、不足额保险合同与超额保险合同
  - 按保险合同的性质可分为补偿性保险合同与给付性保险合同
- 合同当事人及关系人
  - 保险合同的当事人，是指投保人和保险人
  - 保险合同的关系人
    - 被保险人（被保险人享有的权利；应认定为被保险人同意投保人为其订立保险合同并认可保险金额的情形）
    - 受益人（对合同约定的受益人存在争议，除投保人、被保险人在保险合同之外另有约定外的分别处理情形；保险合同没有约定或者约定不明的，受益人应得的受益份额处理情形；被保险人死亡后保险金作为被保险人的遗产情形）
- 合同订立
  - 订立程序
    - 投保，指投保人向保险人提出的要求保险的意思表示
    - 承保，指保险人同意投保人提出的保险要求的意思表示
  - 保险合同成立的时间，投保人提出保险要求，经保险人同意承保，即合同成立

保险法律制度
├─ 保险合同
│　├─ 合同条款
│　│　├─ 保险人的名称和住所
│　│　├─ 投保人、被保险人以及人身保险的受益人的姓名或者名称、住所
│　│　├─ 保险标的
│　│　├─ 保险责任和责任免除
│　│　├─ 保险期间和保险责任开始期间
│　│　├─ 保险金额
│　│　├─ 保险费以及支付办法
│　│　├─ 保险金赔偿或者给付办法
│　│　├─ 违约责任和争议处理
│　│　└─ 订立合同时间
│　├─ 合同形式
│　│　├─ 保险单，是保险人签发的关于保险合同的正式的书面凭证
│　│　├─ 保险凭证，一般不列明具体的保险条款，只记载投保人和保险人约定的主要内容
│　│　├─ 暂保单，是在保险单发出以前由保险人出具给投保人的一种临时保险凭证
│　│　├─ 投保单是保险人事先制定的供投保人提出保险要约时使用的格式文件
│　│　└─ 其他书面形式
│　├─ 合同履行
│　│　├─ 投保人、被保险人的义务（支付保险费的义务；危险增加的通知义务；保险事故发生后的通知义务；接受保险人检查，维护保险标的安全义务、积极施救义务）
│　│　├─ 保险人的义务（给付保险赔偿金或保险金的义务；支付其他合理、必要费用的义务）
│　│　├─ 索赔（索赔的时效；索赔的程序）
│　│　└─ 理赔
│　├─ 合同变更
│　│　├─ 投保人、被保险人的变更，又称为合同的转让，是指保险人、保险标的和保险内容均不改变，仅投保人或被保险人变更的行为
│　│　├─ 合同内容的变更，指投保人和保险人可以协商变更合同内容
│　│　└─ 合同效力的变更，是指人身保险合同失效后又复效的情况
│　├─ 保险合同的解除
│　│　├─ 投保人的合同解除权
│　│　├─ 保险人的合同解除权（保险人具有解除合同权利的情形6条）
│　│　└─ 当事人不得解除的保险合同
│　├─ 财产保险合同中的特殊制度
│　│　├─ 重复保险的分摊制度（重复保险的界定；投保人的通知义务；重复保险的责任分摊）
│　│　└─ 物上代位制度
│　│　　├─ 概念：物上代位是一种所有权的代位，当保险标的因遭受保险事故而发生全损，保险人在支付全部保险金额之后，即拥有对该保险标的的物的所有权
│　│　　├─ 成立要件（有全部损失和部分损失两种结果）
│　│　　└─ 代位求偿制度（代位求偿的概念；代位求偿的成立要件；代位求偿权的行使）
│　└─ 人身保险合同的特殊条款（迟交宽限条款；中止、复效条款；不丧失价值条款；误告年龄条款；自杀条款）
└─ 保险公司与保险中介人
　　└─ 保险公司
　　　└─ 公司的设立
　　　　├─ 主要股东具有持续盈利能力，信誉良好，最近3年内无重大违法违规记录，净资产不低于人民币2亿元；有符合保险法和公司法规定的章程；有符合保险法规定的注册资本；有具备任职专业知识和业务工作经验的董事、监事和高级管理人员；有健全的组织机构和管理制度；有符合要求的营业场所和与经营有关的其他设施；法律、行政法规和国务院保险监督管理机构规定的其他条件
　　　　├─ 申请、批准和登记均应当经国务院保险监督管理机构批准
　　　　└─ 分支机构，保险公司在中国境内、境外设立分支机构，应当经国务院保险监督管理机构批准

保险法律制度
- 保险公司与保险中介人
  - 保险公司
    - 保险公司的变更：名称等变更应当经国务院保险监督管理机构批准办理变更
    - 保险公司的终止（原因：解散；被撤销；破产）
    - 保险公司的业务范围：人身保险业务（包括人寿保险、健康保险、意外伤害保险等）、财产保险业务（包括财产损失保险、责任保险、信用保险、保证保险等）以及国务院保险监督管理机构批准的与保险有关的其他业务
    - 保险公司的资金运用限制（稳健，遵循安全性原则；资金运用形式）
  - 保险中介人
    - 保险代理人（保险代理人是保险人的代理人；保险代理人必须与保险人签订委托代理合同；保险代理人在保险人授权范围内的行为，由保险人担责；保险代理人可是单位或个人）
    - 保险经纪人
      - 保险经纪人是以自己的名义独立实施保险经纪行为
      - 保险经纪人代表投保人的利益从事保险经纪行为
      - 保险经纪人可以依法收取佣金
      - 保险经纪人是专门从事保险经纪活动的单位，非个人
  - 保险公估人是指接受委托，专门从事保险公估业务的评估机构

信托法律制度
- 信托法基础理论
  - 信托的概念
    - 概念：是委托人基于对受托人的信任，将其财产权委托给受托人，由受托人按委托人的意愿以自己的名义，为受益人的利益或特定目的进行管理和处分的行为
    - 实质特征：信任；财产权的转移和分离；财产管理与处分；财产权与利益相分离
  - 信托的制度功能（转移财产和管理财产）
  - 信托的分类
    - 民事信托与商事信托
    - 自益信托与他益信托
    - 单独信托与集合信托
    - 意定信托与法定信托
  - 信托法，是调整信托关系、规范信托行为的法律规范的总称
- 信托的设立
  - 信托的成立与生效
    - 信托成立，是指当事人之间信托关系的依法确立
    - 信托生效（信托当事人要件；信托财产要件；信托行为要件；信托目的要件）
  - 信托无效：信托目的违反法律、行政法规或者损害社会公共利益；信托财产不能确定；委托人以非法财产或者法律规定不得设立信托的财产设立信托；专以诉讼或者讨债为目的设立信托；受益人或者受益人范围不能确定；法律、行政法规规定的其他情形
  - 诈害信托的撤销（以损害债权的清偿为设立后果的信托）
- 信托财产
  - 信托财产范围包括：受托人因承诺信托而取得的财产；受托人因信托财产的管理运用而取得的财产；受托人因信托财产的处分而取得的财产；受托人因其他情形而取得的财产
  - 信托财产的条件，具有财产价值的东西，只要满足了可转让性、确定性与合法所有性要求，原则上均可以作为信托财产
  - 信托财产的归属，信托一经设立，财产权不再属于委托人；受益人拥有的也仅是向受托人要求以支付信托利益为主要内容的权益，即受益权；信托财产只能归属于受托人，受托人其按照委托人的意愿对信托财产进行管理、处分
  - 信托财产的特征
    - 信托财产的独立性（独立于委托人、受托人、受益人，偿债方面具有独立性，抵销方面具有独立性）
    - 信托财产的物上代位性（同一性）

信托法律制度

- 信托的变更与终止
  - 信托的变更
    - 信托财产管理方法的变更
    - 受托人的变更（解任；辞任；受托人职责终止）
    - 受托人报酬的变更
    - 受益人的变更
  - 信托的终止
    - 信托终止事由（终止情形）
    - 信托终止后的财产归属（确定归属顺序）
    - 信托终止后的债务处理
- 信托当事人的权利与义务
  - 委托人的权利与义务
    - 权利（信托财产管理、处分的知情权；信托财产管理方法的变更权；对违反信托权限行为的撤销权；对受托人的解任权）
    - 义务（按约定向受托人支付报酬的义务；委托人违约，单方解除关系，对受托人损失赔偿的义务）
  - 受托人的权利与义务
    - 义务与责任（谨慎义务；忠实义务；分别管理义务；自己管理义务；共同受托人共同处理信托事务义务与连带责任；书类设置与报告、保密义务；支付信托利益的义务）
    - 权利（报酬给付请求权；优先受偿权）
  - 受益人的权利与义务
    - 信托受益权受益人是在信托中享有信托受益权的人（确定归属的顺序：信托文件规定的人；其他受益人；委托人或者其继承人）

# 第七章 财政法律制度

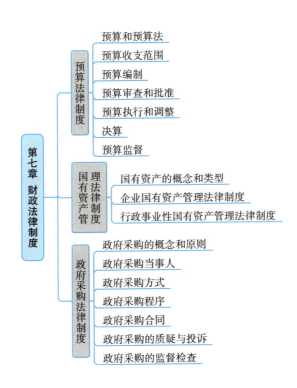

预算法律制度

预算和预算法
- 预算和预算法的概念
  - 预算：预算是国家组织、分配财政资金的重要工具，也是国家进行宏观调控的经济杠杆，在优化资源配置、调节收入分配、支撑宏观经济调控、改进公共治理、保障政策规划与实施等方面发挥着重要作用，是现代国家治理体系的重要组成部分
  - 预算法
    - 狭义：仅指《预算法》
    - 广义：是调整国家在进行预算资金筹集、分配、使用和管理过程中发生的社会关系的法律规范的总称
- 预算的基本原则
  - 1.统筹兼顾、勤俭节约、量力而行、讲求绩效、收支平衡
  - 2.预算法定
  - 3.预算完整
  - 4.预算公开
  - 5.相互制约、相互协调
- 预算体制
  - 1.一级政府一级预算：共五级
  - 2.分税制    中央和地方
  - 3.财政转移支付
    - 一般性转移支付
      - （1）均衡性转移支付
      - （2）对革命老区、民族地区、边疆地区、贫困地区的财力补助
      - （3）其他一般性转移支付
    - 专项转移支付处理的情形
      - （1）符合法律、行政法规和国务院规定，有必要继续执行的，可以继续执行
      - （2）设立的有关要求变更，或者实际绩效与目标差距较大、管理不够完善的，应当予以调整
      - （3）设立依据失效或者废止的，应当予以取消
- 预算管理职权：编制权、审批权、执行权、调整权、监督权

预算收支范围
- 一般公共预算
  - 1.一般公共预算收入
    - （1）税收收入
    - （2）行政事业性收费收入
    - （3）国有资源（资产）有偿使用收入
    - （4）转移性收入
    - （5）其他收入
  - 2.一般公共预算支出
    - 按支出功能分类：政府的钱干了什么
    - 按支出经济性质分类：政府的钱怎么花
  - 3.中央与地方一般公共预算项目的划分
    - 中央一般公共预算
    - 地方各级一般公共预算
    - 转移性支出
- 政府性基金预算
  - 政府性基金预算收入：政府性基金各项目收入、转移性收入
  - 政府性基金预算支出：与政府性基金预算收入相对应的各项目支出和转移性支出
- 国有资本经营预算
  - 国有资本经营预算收入：应当纳入国有资本经营预算的国有独资企业和国有独资公司按照规定上缴国家的利润收入、从国有资本控股和参股公司获得的股息红利收入、国有产权转让收入、清算收入和其他收入
  - 国有资本经营预算支出：资本性支出、费用性支出、向一般公共预算调出资金等转移性支出和其他支出
- 社会保险基金预算
  - 社会保险基金预算收入：各项社会保险费收入、利息收入、投资收益、一般公共预算补助收入、集体补助收入、转移收入、上级补助收入、下级上解收入和其他收入
  - 社会保险基金预算支出：各项社会保险待遇支出、转移支出、补助下级支出、上解上级支出和其他支出

预算法律制度
├─ 预算编制
│　├─ 预算编制的基本要求
│　│　├─（1）应与经济社会发展水平相适应，与财政政策相衔接
│　│　├─（2）各级预算支出按其功能和经济性质分类编制
│　│　├─（3）可以通过举借国内和国外债务等方式筹措
│　│　└─（4）地方各级预算按量入为出、收支平衡的原则编制，除另有规定外不列赤字
│　├─ 预算编制的时间要求
│　│　├─（1）国务院应当及时下达关于编制下一年预算草案的通知
│　│　├─（2）财政部于每年6月15日前部署编制下一年度预算草案的具体事项
│　│　├─（3）县级以上地方各级政府财政部门应当于每年6月30日前部署本行政区域编制下一年度预算草案的具体事项
│　│　└─（4）省、自治区、直辖市政府财政部门汇总的本级总预算草案或者本级总预算，应当于下一年度1月10日前报财政部
│　└─ 预算编制的方法
│　　　├─（1）根据需要，参考上一年预算执行和绩效评价等情况按照规定程序征求各方面意见后，进行编制
│　　　├─（2）按照预算编制规定，根据其依法履行职能和事业发展的需要以及存量资产情况，编制预算草案
│　　　├─（3）凡涉及增加或者减少财政收入或者支出的，应当在预算批准前提出并在预算草案中作出相应安排
│　　　└─（4）预算编制中的特殊安排
│　　　　　├─①安排必要资金，扶助发展经济社会建设事业
│　　　　　├─②按照本级一般公共预算支出额的1%~3%设置预备费
│　　　　　├─③设置预算稳定调节基金，用于弥补预算资金的不足
│　　　　　└─④设置预算周转金，用于调剂季节性收支差额
├─ 预算审查和批准
│　├─ 预算审批的程序和内容
│　│　├─ 1.中央预算由全国人民代表大会审查和批准
│　│　├─ 2.提交全国人大财经委员会初步审查，重点审查
│　│　│　├─（1）上一年预算执行情况是否符合本级人民代表大会预算决议的要求
│　│　│　├─（2）预算安排是否符合规定
│　│　│　├─（3）是否贯彻国民经济和社会发展的方针政策，是否切实可行
│　│　│　├─（4）重点支出和重大投资项目的预算安排是否适当
│　│　│　├─（5）预算的编制是否完整
│　│　│　├─（6）对下级政府的转移性支出预算是否规范、适当
│　│　│　├─（7）预算安排举借的债务是否合法、合理
│　│　│　└─（8）与预算有关重要事项的说明是否清晰
│　│　├─ 3.国务院、地方各级政府作总预算报告
│　│　└─ 4.提出审查结果报告
│　│　　　├─（1）对上一年预算执行和落实本级人民代表大会预算决议的情况作出评价
│　│　　　├─（2）对本年度预算草案是否符合《预算法》的规定，是否可行作出评价
│　│　　　├─（3）对本级人民代表大会批准预算草案和预算报告提出建议
│　│　　　└─（4）对执行年度预算、改进预算管理、提高预算绩效、加强预算监督等提出意见和建议
│　└─ 预算的备案和批复
└─ 预算执行和调整
　　└─ 预算执行
　　　　├─ 1.预算年度开始后，各级预算草案在本级人民代表大会批准前，可安排的支出事项
　　　　│　├─（1）上一年度结转的支出
　　　　│　├─（2）参照上一年同期的预算支出数额安排必须支付的本年度部门基本支出、项目支出，以及对下级政府的转移性支出
　　　　│　└─（3）法律规定必须履行支付义务的支出，以及用于自然灾害等突发事件处理的支出
　　　　├─ 2.预算经本级人民代表大会批准后执行
　　　　├─ 3.各级预算的收入和支出实行收付实现制
　　　　├─ 4.实行国库集中收缴和集中支付制度
　　　　├─ 5.加强领导
　　　　└─ 6.加强对预算收入和支出的管理

预算法律制度
- 预算执行和调整
  - 预算调整
    - 1.在执行中应进行预算调整的情况
      - （1）需要增加或者减少预算总支出的
      - （2）需要调入预算稳定调节基金的
      - （3）需要调减预算安排的重点支出数额的
      - （4）需要增加举借债务数额的
    - 2.对必须进行的预算调整应当编制预算调整方案
    - 3.中央预算的调整方案应提请全国人民代表大会常务委员会审查和批准
    - 4.地方各级政府因上级政府增加不需要本级政府提供配套资金的专项转移支付而引起的预算支出变化→不属于预算调整
- 决算
  - 1.决算草案在每一预算年度终了后按照国务院规定的时间编制
  - 2.中央决算草案，经国务院审计部门审计后，报国务院审定，由国务院提请全国人民代表大会常务委员会审查和批准（大会重点审查事项）
    - （1）预算收入情况
    - （2）支出政策实施情况和重点支出、重大投资项目资金的使用及绩效情况
    - （3）结转资金的使用情况
    - （4）资金结余情况
    - （5）本级预算调整及执行情况
    - （6）财政转移支付安排执行情况
    - （7）经批准举借债务的规模、结构、使用、偿还等情况
    - （8）本级预算周转金规模和使用情况
    - （9）本级预备费使用情况
    - （10）超收收入安排情况，预算稳定调节基金的规模和使用情况
    - （11）本级人民代表大会批准的预算决议落实情况
    - （12）其他与决算有关的重要情况
  - 3.地方各级政府应当将经批准的决算及下一级政府上报备案的决算汇总，报上一级政府备案
- 预算监督
  - 1.权力机关对预算的监督
  - 2.政府机关对预算的监督
  - 3.其他主体对预算的监督

国有资产管理法律制度
- 国有资产的概念和类型
  - 经营性国有资产
  - 非经营性国有资产
  - 资源性国有资产
- 企业国有资产管理法律制度
  - 企业国有资产的概念　指国家对企业各种形式的出资所形成的权益
  - 出资人和履行出资人职责的机构
    - 1.出资人
    - 2.履行出资人职责的机构：国务院国有资产监督管理机构和地方人民政府按照国务院的规定设立的国有资产监督管理机构
    - 3.履行出资人职责的机构的职责
      - （1）代表本级人民政府对国家出资企业依法享有资产收益、参与重大决策和选择管理者等出资人权利
      - （2）委派股东代表参加国有资本控股公司、国有资本参股公司召开的股东会会议、股东大会会议，应当按照委派机构的指示提出提案、发表意见、行使表决权，并将其履行职责的情况和结果及时报告委派机构
      - （3）依照法律、行政法规以及企业章程履行出资人职责，保障出资人权益，防止国有资产损失
      - （4）对本级人民政府负责，向本级人民政府报告履行出资人职责的情况，接受本级人民政府的监督和考核，对国有资产的保值增值负责

国有资产管理法律制度
├─ 企业国有资产管理法律制度
    ├─ 国家出资企业管理者的选择与考核
    │   ├─ 1.国家出资企业管理者的选择（任免或建议任免国家出资企业的职位）
    │   │   ├─（1）任免国有独资企业的经理、副经理、财务负责人和其他高级经理人员
    │   │   ├─（2）任免国有独资公司的董事长、副董事长、董事、监事会主席和监事
    │   │   └─（3）向国有资本控股公司、国有资本参股公司的股东会、股东大会提出董事、监事人选
    │   ├─ 2.国家出资企业管理者的兼职限制
    │   │   ├─（1）未经履行出资人职责的机构同意，国有独资企业、国有独资公司的董事、高级管理人员不得在其他企业兼职。未经股东会、股东大会同意，国有资本控股公司、国有资本参股公司的董事、高级管理人员不得在经营同类业务的其他企业兼职
    │   │   ├─（2）未经履行出资人职责的机构同意，国有独资公司的董事长不得兼任经理。未经股东会、股东大会同意，国有资本控股公司的董事长不得兼任经理
    │   │   └─（3）董事、高级管理人员不得兼任监事
    │   └─ 3.国家出资企业管理者的考核　建立业绩考核制度
    ├─ 与关联方交易的限制
    │   ├─ 1.关联方的概念：指本企业的董事、监事、高级管理人员及其近亲属，以及这些人员所有或者实际控制的企业
    │   └─ 2.与关联方交易的限制
    │       ├─（1）国家出资企业的关联方不得利用与国家出资企业之间的交易，谋取不当利益，损害国家出资企业利益
    │       ├─（2）国有独资企业、国有独资公司、国有资本控股公司不得无偿向关联方提供资金、商品、服务或者其他资产，不得以不公平的价格与关联方进行交易
    │       ├─（3）未经履行出资人职责的机构同意，国有独资企业、国有独资公司不得有下列行为：①与关联方订立财产转让、借款的协议；②为关联方提供担保；③与关联方共同出资设立企业，或者向董事、监事、高级管理人员或者其近亲属所有或者实际控制的企业投资
    │       └─（4）国有资本控股公司、国有资本参股公司与关联方的交易，依照《公司法》和有关行政法规以及公司章程的规定，由公司股东会、股东大会或者董事会决定
    ├─ 国有资本经营预算
    │   ├─ 1.建立健全国有资本经营预算制度，对国有资本收入及支出实行预算管理
    │   ├─ 2.国有资本经营预算编制的范围
    │   │   ├─（1）从国家出资企业分得的利润
    │   │   ├─（2）国有资产转让收入
    │   │   ├─（3）从国家出资企业取得的清算收入
    │   │   └─（4）其他国有资本收入
    │   └─ 3.国有资本经营预算编制的要求
    │       ├─（1）国有资本经营预算按年度单独编制，纳入本级人民政府预算，报本级人民代表大会批准
    │       ├─（2）国有资本经营预算支出按照当年预算收入规模安排，不列赤字
    │       └─（3）国务院和有关地方人民政府财政部门负责国有资本经营预算草案的编制工作，履行出资人职责的机构向财政部门提出由其履行出资人职责的国有资本经营预算建议草案
    └─ 企业国有资产及重大事项管理
        ├─（1）国有资产监督管理机构依照国家有关规定，负责企业国有资产的产权界定、产权登记、资产评估监管、清产核资、资产统计、综合评价等基础管理工作
        ├─（2）国有资产监督管理机构应当建立企业国有资产产权交易监督管理制度，加强企业国有资产产权交易的监督管理，促进企业国有资产的合理流动，防止企业国有资产流失
        └─（3）国有资产监督管理机构对其所出资企业的企业国有资产收益依法履行出资人职责；对其所出资企业的重大投融资规划、发展战略和规划，依照国家发展规划和产业政策履行出资人职责

（4）所出资企业中的国有独资企业、国有独资公司的重大资产处置，需由国有资产监督管理机构批准的，按有关规定执行

（5）国有资产监督管理机构依照法定程序决定其所出资企业中的国有独资企业、国有独资公司的分立、合并、破产、解散、增减资本、发行公司债券等重大事项。其中，重要的国有独资企业、国有独资公司分立、合并、破产、解散的，应当由国有资产监督管理机构审核后，报本级人民政府批准

（6）国有资产监督管理机构决定其所出资企业的国有股权转让

（7）国有资产监督管理机构依照国家有关规定拟订所出资企业收入分配制度改革的指导意见，调控所出资企业工资分配的总体水平

（8）国有资产监督管理机构可以对所出资企业中具备条件的国有独资企业、国有独资公司进行国有资产授权经营

（9）国有资产监督管理机构依法对所出资企业财务进行监督，建立和完善国有资产保值增值指标体系，维护国有资产出资人的权益。国有及国有控股企业应当加强内部监督和风险控制

企业国有资产及重大事项管理

企业国有资产监督
- （1）各级权力机关的监督
- （2）各级政府的监督
- （3）社会监督

国有资产管理法律制度

企业国有资产管理法律制度

行政事业性国有资产管理法律制度

行政事业性国有资产的概念及其适用范围

1.行政事业性国有资产的概念：行政单位、事业单位通过以下方式取得或者形成的资产
- （1）使用财政资金形成的资产
- （2）接受调拨或者划转、置换形成的资产
- （3）接受捐赠并确认为国有的资产
- （4）其他国有资产

2.行政事业性国有资产管理适用范围
- （1）除国家另有规定外，社会组织直接支配的行政事业性国有资产管理，依照《行政事业性国有资产管理条例》执行
- （2）货币形式的行政事业性国有资产管理，按照预算管理有关规定执行
- （3）执行企业财务、会计制度的事业单位以及事业单位对外投资的全资企业或者控股企业的资产管理，不适用《行政事业性国有资产管理条例》
- （4）公共基础设施、政府储备物资、国有文物文化等行政事业性国有资产管理的具体办法，由国务院财政部门会同有关部门制定
- （5）中国人民解放军、中国人民武装警察部队直接支配的行政事业性国有资产管理，依照中央军事委员会有关规定执行

行政事业性国有资产的管理体制和原则
- （1）实行政府分级监管、各部门及其所属单位直接支配的管理体制
- （2）应建立健全管理机制，加强资产的管理，审查、批准重大事项
- （3）国务院财政部门负责制管理规章制度并负责组织实施和监督检查，牵头编制管理情况报告
- （4）各部门按职责负责本部门及其所属单位国有资产管理工作，应明确责任，指导、监督所属单位国有资产管理工作

行政事业性国有资产的配置、使用和处置

1.行政事业性国有资产的配置
- （1）根据依法履行职能和事业发展的需要，结合资产存量、资产配置标准、绩效目标和财政承受能力配置资产
- （2）合理选择资产配置方式，资产配置重大事项应当经可行性研究和集体决策，资产价值较高的按照国家有关规定进行资产评估，并履行审批程序
- （3）应当组织建立、完善资产配置标准体系，明确配置的数量、价值、等级、最低使用年限等标准，适时调整

国有资产管理法律制度
└─ 行政事业性国有资产管理法律制度
    ├─ 行政事业性国有资产的配置、使用和处置
    │   ├─ 2.行政事业性国有资产的使用
    │   │   ├─（1）行政单位国有资产应当用于本单位履行职能的需要
    │   │   ├─（2）事业单位国有资产应当用于保障事业发展、提供公共服务
    │   │   ├─（3）应当加强对本单位各类国有资产的管理，明确管理责任，规范使用流程，加强产权保护，推进相关资产安全有效使用。应当明确资产使用人和管理人的岗位责任。接受捐赠的资产，应当按照捐赠约定的用途使用
    │   │   └─（4）县级以上地方人民政府及其有关部门应当建立健全国有资产共享共用机制，采取措施引导和鼓励国有资产共享共用，统筹规划，有效推进国有资产共享共用工作
    │   └─ 3.行政事业性国有资产的处置
    │       ├─（1）资产及时予以报废、报损的情形：①因技术原因确需淘汰或者无法维修、无维修价值的资产；②涉及盘亏、坏账以及非正常损失的资产；③已超过使用年限且无法满足现有工作需要的资产；④因自然灾害等不可抗力造成毁损、灭失的资产
    │       ├─（2）各部门及其所属单位应当将依法罚没的资产按照国家规定公开拍卖或者按照国家有关规定处理，所得款项全部上缴国库
    │       ├─（3）各部门及其所属单位发生分立、合并、改制、撤销、隶属关系改变或者部分职能、业务调整等情形，应当根据国家有关规定办理相关国有资产划转、交接手续
    │       ├─（4）国家设立的研究开发机构、高等院校对其持有的科技成果的使用和处置，依照《中华人民共和国促进科技成果转化法》《中华人民共和国专利法》和国家有关规定执行
    │       └─（5）中央行政事业单位国有资产处置，按照规定执行
    ├─ 行政事业性国有资产的预算管理
    │   ├─ 1.预算编制与执行：严格按照预算管理规定
    │   ├─ 2.收入管理：按政府非税收入和国库集中收缴制度管理
    │   ├─ 3.决算管理：全面、真实、准确
    │   └─ 4.绩效管理：建立绩效管理制度
    └─ 行政事业性国有资产的基础管理
        ├─（1）各部门及其所属单位应按规定设资产台账，依会计制度核算，不得形成账外资产
        ├─（2）各部门及其所属单位应定期或者不定期对资产盘点、对账
        ├─（3）除另有规定外，各部门及其所属单位将资产进行转让等，应按规定资产评估
        ├─（4）各部门及其所属单位应当对资产清查的情形
        │   ├─（1）根据本级政府部署要求
        │   ├─（2）发生重大资产调拨、划转以及单位分立、合并、改制、撤销、隶属关系改变等情形
        │   ├─（3）因自然灾害等不可抗力造成资产毁损、灭失
        │   ├─（4）会计信息严重失真
        │   ├─（5）国家统一的会计制度发生重大变更，涉及资产核算方法发生重要变化
        │   └─（6）其他情形
        ├─（5）各部门及其所属单位应依法及时办理资产权属登记
        ├─（6）发生资产纠纷的，应依法依规采取协商等方式处理
        └─（7）国务院财政部门应建立全国行政事业性国有资产管理信息系统，推行资产管理网上办理，信息共享

国有资产管理法律制度

- 行政事业性国有资产管理法律制度
  - 行政事业性国有资产的报告
    - （1）国务院向全国人民代表大会常务委员会报告全国行政事业性国有资产管理情况
    - （2）行政事业性国有资产管理情况报告内容（包括：资产负债总量，相关管理制度建立和实施，资产配置、使用、处置和效益，推进管理体制机制改革等情况）
    - （3）行政事业性国有资产报告程序
      - 本部门应当汇总编制本部门行政事业性国有资产管理情况报告，报送本级政府财政部门
      - 县级以上地方人民政府财政部门应当每年汇总本级和下级行政事业性国有资产管理情况，报送本级政府和上一级政府财政部门
  - 行政事业性国有资产的监督
    - 1.人大监督
    - 2.政府层级监督
    - 3.财政监督
    - 4.审计监督
    - 5.行业监督
    - 6.社会监督

政府采购法律制度

- 政府采购的概念和原则
  - 概念：指各级国家机关、事业单位和团体组织，使用财政性资金采购依法制定的集中采购目录以内的或者采购限额标准以上的货物、工程和服务的行为
  - 政府采购的原则：公开透明；公平竞争（以不合理的条件对供应商实行差别待遇或者歧视待遇的情形）；公正；诚实信用
- 政府采购当事人
  - 采购人（集中采购、分散采购）
  - 采购代理机构：根据采购人的委托办理采购事宜的机构
  - 供应商参加政府采购活动应当具备的法定条件
    - （1）具有独立承担民事责任的能力
    - （2）具有良好的商业信用和健全的财务会计制度
    - （3）具有履行合同所必需的设备和专业技术能力
    - （4）有依法缴纳税收和社会保障资金的良好记录
    - （5）参与政府采购活动前3年内，在经营活动中没有重大违法记录
    - （6）法律、行政法规规定的其他条件
- 政府采购方式
  - 公开招标（主要采购方式）
  - 邀请招标及适用情形
    - （1）具有特殊性，只能从有限范围的供应商处采购的
    - （2）采用公开招标方式的费用占政府采购项目总价值的比例过大的
  - 竞争性谈判及适用情形
    - （1）招标后没有供应商投标或者没有合格标的或者重新招标未能成立的
    - （2）技术复杂或者性质特殊，不能确定详细规格或者具体要求的
    - （3）采用招标所需时间不能满足用户紧急需要的。这种情形的出现应当是采购人不可预见的或者非因采购人拖延导致的
    - （4）不能事先计算出价格总额的
  - 单一来源采购及适用情形
    - （1）只能从唯一供应商处采购的
    - （2）发生了不可预见的紧急情况不能从其他供应商处采购的
    - （3）必须保证原有采购项目一致性或者服务配套的要求，需要继续从原供应商处添购，且添购资金总额不超过原合同采购金额10%的
  - 询价（不少于3家）
- 政府采购程序
  - 一般性程序：预算需求部门预算列出报本级财政部门汇总→采购人将采购实施计划报本级人民政府财政部门备案→采购人或者采购代理机构公开采购项目预算金额→随机抽取评审专家→按规定独立评审→评审报告送交采购人→出具验收书
  - 招标采购的程序要求
    - 应予废标的情形
      - （1）符合专业条件的供应商或者对招标文件作实质响应的供应商不足3家的
      - （2）出现影响采购公正的违法、违规行为的
      - （3）投标人的报价均超过了采购预算，采购人不能支付的
      - （4）因重大事故，采购任务取消的
    - 政府采购招标评标方法
      - 最低评标价法
      - 综合评分法

竞争性谈判的程序要求：成立谈判小组→制定谈判文件→确定邀请参加谈判的供应商名单→谈判→确定成交供应商

询价的程序要求：成立询价小组→确定被询价的供应商名单→询价→确定成交供应商

政府采购法律制度
- 政府采购程序
  - 政府采购活动中的禁止与回避
    - 1.政府采购活动中的禁止行为
      - （1）政府采购当事人不得相互串通损害国家利益、社会公共利益和其他当事人的合法权益；不得以任何手段排斥其他供应商参与竞争
      - （2）采购代理机构不得以向采购人行贿或者采取其他不正当手段谋取非法利益
      - （3）供应商不得以向采购人、采购代理机构、评标委员会的组成人员、竞争性谈判小组的组成人员、询价小组的组成人员行贿或者采取其他不正当手段谋取中标或者成交
      - （4）采购人、采购代理机构不得向评标委员会、竞争性谈判小组或者询价小组的评审专家作倾向性、误导性的解释或者说明
      - （5）政府采购评审专家应当遵守评审工作纪律，不得泄露评审文件、评审情况和评审中获悉的商业秘密
    - 2.政府采购活动中的回避情形
      - （1）参加采购活动前3年内与供应商存在劳动关系
      - （2）参加采购活动前3年内担任供应商董事、监事
      - （3）参加采购活动前3年内是供应商的控股股东或者实际控制人
      - （4）与供应商的法定代表人或者负责人有夫妻、直系血亲、三代以内旁系血亲或者近姻亲关系
      - （5）与供应商有其他可能影响政府采购活动公平、公正进行的关系
- 政府采购合同
  - 政府采购合同的签订
    - 采购人与中标、成交供应商应当在中标、成交通知书发出之日起30日内，按照采购文件确定的事项签订政府采购合同
    - 采购文件要求中标或者成交供应商提交履约保证金的，履约保证金的数额不得超过政府采购合同金额的10%
    - 采购人应当自政府采购合同签订之日起2个工作日内，将政府采购合同备案
    - 政府采购项目的采购合同自签订之日起7个工作日内，将合同副本备案
  - 政府采购合同的履行
    - 及时向中标或者成交供应商支付采购资金
    - 经采购人同意，中标、成交供应商可以依法采取分包方式履行合同
    - 合同履行中可以与供应商协商签订补充合同，但采购金额不得超过原合同采购金额的10%
- 政府采购的质疑与投诉
  - 质疑
    - 供应商认为自己的权益受到损害的，7个工作日内，以书面形式向采购人提出质疑
    - 采购人应当7个工作日内作出答复，并以书面形式通知
    - 采购人或者采购代理机构应当在3个工作日内对供应商依法提出的询问作出答复
  - 投诉
    - 可以在答复期满后15个工作日内向同级政府采购监督管理部门投诉
    - 政府采购监督管理部门应当在收到投诉后30个工作日内，对投诉事项作出处理决定
    - 可以通知采购人暂停采购活动，暂停时间最长不得超过30日
- 政府采购的监督检查
  - 监督检查的主要内容
    - （1）有关政府采购的法律、行政法规和规章的执行情况
    - （2）采购范围、采购方式和采购程序的执行情
    - （3）政府采购人员的职业素质和专业技能
  - 对集中采购机构的考核事项
    - （1）采购价格、节约资金效果、服务质量、信誉状况、有无违法行为
    - （2）政府采购政策的执行情况
    - （3）采购文件编制水平
    - （4）采购方式和采购程序的执行情况
    - （5）询问、质疑答复情况
    - （6）内部监督管理制度建设及执行情况
    - （7）省级以上人民政府财政部门规定的其他事项